EDUQUEMOS A NUESTR@S HIJ@S

Recetas prácticas de la cocina de la educación

José Luis Navajo

Tyndale House Publishers, Inc.
Carol Stream, Illinois, EE. UU.

Visite Tyndale en Internet: www.tyndaleespanol.com y www.BibliaNTV.com.

TYNDALE y el logotipo de la pluma son marcas registradas de Tyndale House Publishers, Inc.

Eduquemos a nuestros hijos: Recetas prácticas de la cocina de la educación

© 2014 por José Luis Navajo. Todos los derechos reservados.

Originalmente publicado en el 2007 por Ediciones Noufront, con ISBN 978-84-936368-4-5.

Fotografía de la portada © por iStockphoto.com. Todos los derechos reservados.

Fotografía del autor © por José Luis Navajo. Todos los derechos reservados.

Diseño: produccioneditorial.com

El texto bíblico ha sido tomado de la versión Reina-Valera © 1960 Sociedades Bíblicas en América Latina; © renovado 1988 Sociedades Bíblicas Unidas. Utilizado con permiso. Reina-Valera 1960® es una marca registrada de la American Bible Society, y puede ser usada solamente bajo licencia.

ISBN 978-1-4964-0143-4

Impreso en Estados Unidos de América

Printed in the United States of America

20	19	18	17	16	15	14
7	6	5	4	3	2	1

*"A Esteban y Rosario con sincera gratitud.
Me habéis mostrado con vuestro ejemplo
lo qué es educar y cómo hay que hacerlo.
Gracias por ese regalo, y por otro de valor
incalculable: La inversión de tiempo y
esfuerzo que hicisteis en una persona única,
vuestra hija, que es mi esposa".*

*"El niño, para el pleno y armonioso desarrollo de su personalidad,
necesita amor y comprensión. Siempre que sea posible,
deberá crecer al amparo y bajo la res ponsabilidad de sus padres y,
en todo caso, en un ambiente de afecto y de seguridad moral y material…"*

**Principio 6º De La Declaración De Las Naciones Unidas
Sobre Los Derechos Del Niño.**

*"Dale buena educación al niño de hoy,
y el viejo de mañana jamás la abandonará."*

Salomón En Proverbios 22:6

Índice

Prólogo

!!Cuánta gente se muere de hambre hoy en día!! Hay un hambre física, evidente en los países del llamado Tercer Mundo, pero a la vez está creciendo un hambre, de distinto signo y que, en algunos aspectos, es todavía peor. La podemos ver en el Primer Mundo y en los países en desarrollo; es el hambre relacional, donde los sentimientos y el afecto, el desarrollo psicológico y espiritual de las personas, brillan por su ausencia.

Estamos ante una generación anoréxica de relaciones y de amor auténtico, y bulímica de posesiones materiales. Este, nuestro mundo es uno donde, no es que se carezcan de suficentes recursos para paliar y satisfacer todas las necesidades, sino que tenemos un grave problema de redistribución de los recursos ya existentes, y de la falta de criterios pertinentes para aplicarlos, sobre todo en el ámbito familiar y en concreto en la educación de los hijos.

Es aquí, y motivado por su larga experiencia como padre, como pastor y como persona inquieta por aportar soluciones a su generación, a su país y por extensión a todo el mundo de habla hispana, donde el pastor José Luis Navajo, Jose Luis para los amigos, surge con toda su fuerza para presentarnos este libro: **"Eduquemos a nuestr@s hij@s"**.

Los padres estamos demasiado preocupados solamente, y no en todos los casos, en que nuestros hijos se crien bien física e intelectualmente. Les damos lo mejor que tenemos; les llevamos a las mejores escuelas, pero nos olvidamos de algo mucho más esencial, más profundo, más vital: su carácter y su vida interior. Es entonces donde aparece este libro del pastor José Luis Navajo.

De una forma directa, clara, y coloquial, nos abre su corazón, nos expone su experiencia; reúne y analiza bien la situación de su país y por extensión de toda la familia hispana; enfoca las soluciones, por otro lado factibles y aplicables; nos sugiere actuaciones concretas; nos presenta principios en los cuales mantenernos. Con su estilo fresco, nos introduce en su cocina. Es como un chef de un restaurante de bien reconocida fama. Por cierto, personalmente lo incluiría en la guía Michelin, la de los prestigiosos cocineros. Su cocina es amable, atractiva y sus recetas sencillamente suculentas. No encontraremos sofisticación en sus propuestas. No es una cocina de diseño, sino una cocina para cada día, que cualquier padre y madre puede, y debe, cocinar para los suyos. Cuando uno llega a casa con hambre, siempre pregunta, normalmente a la madre, ¿qué hay hoy para cenar? Damos por descontado que hay comida y que alguién la ha preparado con sus cariñosas manos, no siempre reconocidas. Estas son las recetas que se nos presentan en esta obra. Por ejemplo, hay una receta dedicada a dar pautas para toda la familia, del uso de las nuevas tecnologías y videojuegos. Recetas creativas, fáciles de hacer, nutritivas, digestivas y de buen sabor.

Quizás valdría la pena hacerse una pregunta fundamental: *¿Qué se cocina en nuestro hogar?* El buen amigo Jose Luis nos presenta ocho recetas y dos suculentos postres, no solo para mejorar nuestra mesa educacional, sino para que en nuestro hogar se coma bien, a base de principios y valores sanos y, a la vez, aquellos que nos visiten hablen bien de nuestra hospitalidad, de nuestra comida, del ambiente que se respira y del amor que fluye en nuestras relaciones. Que cada hogar pueda ser un centro de distribución de amor, un lugar de reposo y de fortalecimiento de las relaciones para esta generación y para la próxima.

Saludo al libro y felicito al autor por darnos estas recetas, basadas en fórmulas antiguas, presentadas en maneras actuales, sin aditivos ni colorantes, sazonadas con notas del "Gran Libro" (La

Biblia) del "Gran Chef" (Dios) de la cocina familiar, y con palabras de personas experimentadas.

Cuando Dios, el "Gran Chef" elabora una comida, añade todas las especies y los ingredientes necesarios, esperando pacientemente a que el plato esté en su punto y totalmente cocinado, para que sea comestible, apetecible y nutriente. Toda buena cocina necesita tiempo, dedicación, creatividad y un cierto riesgo, pero los resultados finales valen la pena. En la familia estos resultados son eternos. Educamos (cocinamos) para hoy y para mañana.

Así que, busquese un lugar cómodo en casa, tomese un café y empiece el libro. No leerá palabras, sino que escuchará el corazón de un padre, que ha cocinado mucho, y que es un reconocido chef.

A todos los lectores, buen provecho y mejor digestión.

Barcelona, Noviembre 2006
Victor Miron
Presidente en De FAMILIA A FAMILIA
Principios Permanentes para el Hogar

Introducción

"Educar es sembrar y saber esperar"

Ayer volvió a ocurrir: la tarde era preciosa en el jardín de aquella residencia. Una avanzada primavera había conseguido culminar su obra maestra entre los rosales y los macizos de flores que nos rodeaban. Casi todo era perfecto, y lo hubiera sido todo de no ser por las emociones que embargaban a la pareja que hablaba conmigo.

Estaba conversando con unos padres angustiados. El motivo de su desazón era la manera en que sus hijos se conducían últimamente. Lo primero que detecté en ellos fue desasosiego y preocupación, pero a medida que exteriorizaban sus sentimientos pude percibir que la sensación predominante era la angustia. Finalmente, con ojos inundados de lágrimas y las emociones rotas, quebraron la calma de la tarde en un grito desesperado: "¡¡Amamos a nuestros hijos, pero no sabemos como ayudarles!! ¡¡Queremos que vivan correctamente, pero no somos capaces de que lo entiendan!!"

Luego se hizo el silencio, interrumpido solamente por los intensos sollozos de la madre y el llanto, más silencioso, del padre.

Mirándoles, me sentí muy cerca de ellos. Comprendía sus emociones a la perfección y sus lágrimas me eran familiares. Yo también he sentido, en diversas ocasiones, lo que ellos sentían y lágrimas muy similares han surcado mis mejillas.

Frente a aquel matrimonio, sacudido por el desconcierto y abatido por la preocupación, me afirmé en la idea de que pocos papeles son tan difíciles de desempeñar como el de ser padres.

El libro que tiene entre sus manos es fruto de una convicción: la de que podemos conseguir educar a nuestros hijos desde la cercanía y la amistad. No pretendo enseñar, sólo quiero compartir.

Mientras escribo estas líneas, las hojas del calendario escolar caen rápidamente y las vacaciones de verano se aproximan veloces. Es una época de sentimientos encontrados, de un lado está la alegría de los niños y del otro el pánico de los padres. Los muchachos cuentan con ilusionada expectativa los días que faltan para la ansiada libertad de verano, mientras los padres cuentan también los días, pero lo hacen con un sentimiento de temor creciente. Lo que se acerca para ellos no es la libertad...

"¿Cómo seré capaz de aguantarle durante todo el día? ¡Moriré en el intento!"

¿Quién no ha oído cientos de veces expresiones como éstas? Muchos padres están desanimados porque en el tiempo que comparten con los hijos prevalece la tensión y brilla por su ausencia el placer. Las discusiones son constantes y los puntos de conexión mínimos.

Estoy convencido de que la educación debe llevar una carga importante de comunicación. No se puede educar en la distancia sino que es necesario el contacto; pero el contacto desgasta y salvo que se encauce con los elementos necesarios, puede quemar y fomentar la enemistad entre los distintos miembros de la familia.

El estudio "Padres e hijos en la España actual" realizado por la Fundación La Caixa en Junio del 2006 y basado en una encuesta realizada a mil padres de todo el país, con hijos de entre 10 y 18 años, revela que uno de cada cuatro (en total un 26%) ha tirado la toalla en lo que se refiere a educarles, porque considera que "los hijos son un problema que son incapaces de llevar". Un 8% afirman que hubieran preferido no tener hijos.

Es evidente que educar hijos puede resultar una labor insufrible si se hace desde corazones distantes u ofendidos. En este libro no pretendemos abordar métodos, sino compartir principios que pueden acercar corazones, de modo que la relación no signifique erosión.

Lo presentamos en forma de recetas, pues la educación puede ser un alimento que, adecuadamente cocinado y condimentado, nutrirá al niño abocándole a un crecimiento feliz.

Vaya por delante mi aplauso y sincero reconocimiento a cuantos padres y educadores están inmersos en la difícil tarea de formar una generación de personas que crezcan con principios saludables y valores positivos.

Por otro lado los jovenes se emancipan cada vez más tarde y las familias son más heterogéneas. Hoy es difícil hablar de "la familia tradicional". La serie televisiva "Los Serrano" ha logrado un increíble éxito de audiencia porque presenta el tipo de familia cada vez más en auge: padres divorciados que comparten hijos. En España los hogares monoparentales de separados o divorciados se han incrementado un 232%.

Esta circunstancia incide directamente en la educación, labor que, ya de por si y en circunstancias normales es difícil. Probablemente sea una de las cosas más difíciles de la vida. Es todo un arte que se aprende con la práctica, pues un educador no nace, se hace.

No caeré en la presunción de decir que con la lectura de este libro aprenderá usted a educar. Las páginas que siguen son un sencillo testimonio y un dialogo de amigos donde intento transmitir determinados principios que a algunos nos han funcionado.

Albert Einstein, quien no sólo fue un gran físico y un excelente matemático, sino también un gran educador, fue interrogado en una ocasión por una madre, quien le preguntó: "¿Cuál es la manera en que debo educar a mi hijo?" La respuesta de Einstein fue la siguiente: "Hágalo como quiera… de cualquier modo lo hará mal".

Hace veintidós años que, junto a mi esposa, comenzamos a educar a nuestra primera hija y en esa empresa cometimos innumerables errores. Luego llegó la segunda, a quien intentamos educar desde hace dieciséis años; hemos incurrido también en muchísimos fallos; pero al menos no han sido los mismos que con la primera. De eso se trata, de aprender en la práctica e intentar corregir los errores cometidos.

Si logra usted extraer algún rendimiento de mis humildes reflexiones, yo me sentiré dichoso; y si el rendimiento que obtenga, además, contribuye al mejor desarrollo de un niño, la sociedad habrá ganado mucho y yo me sentiré feliz.

Pasemos entonces a la cocina de la educación y vistámonos con ilusión el delantal. A partir de ahora cocinaremos con cariño y a fuego lento el plato más nutritivo y fundamental; aquel que fortalecerá almas y alimentará conductas, proveyendo de principios a una generación única: nuestros hijos.

RECETA

LA EDUCACIÓN: Un plato altamente nutritivo

"El mundo que dejaremos a nuestros hijos dependerá de los hijos que dejaremos a nuestro mundo"

Federico Mayor Zaragoza

La educación no sabe de métodos, sino de principios

Michel Jordan ha sido, probablemente, el mejor jugador de baloncesto de todos los tiempos. A este jugador de los Chicago Bulls se le conocía como "el águila de la cancha" porque dicen que, literalmente, volaba al ir a encestar.

El trece de enero de 1999, en el United Center, y entre lágrimas de emoción, Jordan sorprendió a la opinión pública al comunicar su intención de retirarse del deporte profesional. Esa decisión, que llegaba mucho antes de lo esperado, provocó sorpresa y perplejidad. Tuve ocasión de escuchar la conferencia de prensa en la que el deportista transmitía el comunicado. Los periodistas querían saber la razón de su abandono y le interrogaban también sobre su futuro.

Michael Jordan contestó con una tranquilidad asombrosa y utilizó para hacerlo una frase contundente: *"A partir de ahora voy a ejercer el oficio más difícil: voy a ser padre"*

Su respuesta me impresionó por acertada y oportuna. Ningún oficio es más difícil que el de la paternidad. *"Es más fácil gobernar una nación que a un hijo"* dice un proverbio chino, al que yo califico de veraz. Pero ninguna actividad reporta más satisfacciones y beneficios que ejercer adecuadamente ese papel.

Como dije anteriormente, soy padre desde hace veintidós años y eso me permite ratificar la confesión de una sufrida madre, quien dijo: *"Hace muchos años tenía diez métodos de educación y ningún hijo; hoy tengo diez hijos y ningún método de educación"*

En mi humilde experiencia he podido comprobar que no existen métodos de educación, lo que hay son principios para educar.

Hay una gran diferencia entre métodos y principios. Los métodos cambian, pero los principios permanecen inalterables. Los métodos tienen que adaptarse a los tiempos; los principios, por el contrario, deben perpetuarse.

No me siento autorizado para decir qué debemos hacer con el objetivo de educar bien a un hijo, pero si me atrevo a compartir lo que nunca debería faltar en la cocina de la educación.

He dado en llamarlo:

Los cuatro ingredientes básicos en la cocina de la educación*

DAR EJEMPLO. Este es el primero. Séneca lo dijo en estas palabras: "lento es el enseñar por medio de la teoría, breve y eficaz por medio del ejemplo." Nunca podremos educar eficazmente a nuestro hijo sin pisar ese peldaño. *"Lo que eres* –dijo alguien sabio– *me distrae de lo que dices, porque tus hechos hablan más alto que tus palabras."*

Las palabras mueven, los ejemplos arrastran.

La falta de coherencia entre lo que decimos y lo que hacemos es un atajo que conduce a nuestro hijo al desaliento, y fácilmente a la rebeldía. Ninguna cosa resta tanta autoridad a los padres como el mal ejemplo. El insigne, aunque controvertido, fabulista español, Samaniego, concluye una de sus fábulas con una moraleja que todo educador, y fundamentalmente los padres, nunca debemos olvidar: *"Procure ser, en todo lo posible, el que ha de reprender, irreprensible."*

---

*Los ingredientes de este plato de la educación – Dar ejemplo, enseñar, exhortar e intervenir - fueron presentados, magistralmente, en forma de "escalera de la educación", en una conferencia impartida por mi amigo, el pastor Jesús Giraldo.

Leí hace tiempo -y no logro olvidarlo- el caso de un padre a quien comunicaron que su hija, de dieciséis años, acababa de fallecer en un accidente de tráfico, mientras viajaba con otros tres muchachos. Los análisis demostraban que los jóvenes estaban conduciendo bajo los efectos del alcohol. Tras recibir la trágica noticia, este hombre, llevado por la ira, apretó los puños y gritó: *"Mataré al tabernero que les vendió el alcohol"*. Pero antes de salir a cumplir su propósito, se acercó al mueble donde guardaba sus licores con la intención de tomar un trago. Al abrir el mueble descubrió una de las botellas casi vacía sobre la que había una nota pegada. El padre reconoció de inmediato la letra de su hija: *"Papi, estuvimos bebiendo de tus licores, espero que no te enfades."* El propio padre, sin saberlo, había sido el encargado de suministrar el alcohol que les condujo a la muerte. Esta triste historia ratifica la gran verdad que dijo el comediógrafo Menandro: *"Las costumbres del que habla nos persuaden más que sus razones"*

Séneca, quien provocó tanta admiración como él mismo profesaba por Sócrates, lo dijo con estas palabras: *"Más hombres grandes formó Sócrates con sus costumbres que con sus lecciones."* Y R. Guardini certificó este principio al decir: *"Educamos más por lo que somos que por lo que decimos; más por lo que servimos que por lo que mandamos; más por lo que arriesgamos que por lo que aseguramos."*

En ocasiones parece que los oídos de nuestros hijos se comunican por un conducto que la ciencia aún no ha localizado, de modo que lo que les entra por uno, sale por el otro. Sin embargo es sabido que aquello que penetra por los ojos de nuestros hijos se aloja de manera permanente en su memoria. Alguien lo dijo con estas palabras: *"Con nuestros actos, cada día de nuestra vida, estamos haciendo ingresos en el banco de memoria de nuestros hijos"*

No podemos anteponer ningún otro aspecto de la educación a este. La mente de un niño es una cámara fotográfica que registra todas las escenas que ve. Mientras toma imágenes no ocurre aparentemente nada, pero llega el momento del revelado, y entonces sale a la luz todo lo que registró.

Intentar imponer unas pautas de conducta que nosotros no respetamos es, en el mejor de los casos, una sutil hipocresía; pero es, además, una actitud que nuestros hijos no toleran. No nos respetarán por el autoritarismo, ni por el volumen de nuestra voz, sino por la firmeza con la que practiquemos los principios y actitudes que promulgamos.

ENSEÑAR. Este segundo ingrediente consiste en explicar a nuestro hijo, de manera clara y concreta, lo que esperamos que haga, a la vez que le informamos detalladamente de cuáles son las normas del hogar. Es importante enseñar con claridad cosas concretas. Al niño no le vale con que le digamos "sé bueno", "pórtate bien" o "come bien". Estas instrucciones generales no le dicen nada. Necesita instrucciones concretas de, por ejemplo, cómo se toman el tenedor y el cuchillo. Cuando es mayor es preciso definir a qué hora exacta debe estar en casa. Eso supone una fuerte inversión inicial de tiempo. Tendremos que sentarnos con él y aclarar todas sus dudas; pero siempre es mejor invertir ese tiempo que pasarnos luego el día renegando por todo lo que esperábamos que hiciera y no ha hecho.

Me refiero a unos "contratos no escritos" pactados y necesariamente cumplidos. Poco a poco, y a medida que aumenta la edad y la responsabilidad, esos contratos virtuales se podrán ir modificando.

Algunos se sorprenden de que hablemos de "normas" para nuestros hijos. Piensan que ser un padre progresista y liberal es educar a los hijos sin establecer ningún límite. Eso es un error atroz.

Los niños necesitan referentes y también límites para crecer seguros y felices.

EXHORTAR. Es el tercer ingrediente, y consiste en que, cuando los hijos han incurrido en desobediencia, o han traspasado determinados límites, nosotros debemos recordarles cuáles eran las normas y advertirles que si vuelven a "romper el contrato" tendrán que sufrir las consecuencias.

Al principio puede ser necesario dar tiempo de aprendizaje; especialmente cuando hablamos de niños pequeños. Una vez que le hemos dado las instrucciones concretas y claras, las primeras veces que las pone en práctica, necesita atención y apoyo mediante ayudas verbales y físicas, si es necesario. Son cosas nuevas para él y requiere un tiempo y una práctica guiada. Pero cuando descubrimos que sus "errores" no son tales, sino que son "desafíos" a la autoridad de los padres, es necesario advertir de que esa actitud acarreará consecuencias.

INTERVENIR. Es el cuarto ingrediente, y sin duda el más difícil de aplicar. Pero se trata de algo necesario. Una vez que se ha exhortado al hijo pero éste persiste en su actitud, es necesario pisar este escalón. Los padres que se pasan la vida gritando "¡Ya vas a ver!", pero el hijo nunca ve nada, pierden la autoridad. El hijo sabe que todo queda en amenazas que nunca se cumplen.

Prodigar amenazas es negativo. Las amenazas no cumplidas y las mentiras, restan credibilidad al adulto.

No soy nada partidario de las amenazas, pero si alguna vez se utilizan, éstas han de ser realistas. Se acabó el *"si te portas mal, te llevará el hombre del saco"*.

Debemos meditar bien antes de pronunciar una sentencia disciplinaria, porque una vez que le hemos dicho a nuestro hijo que lo vamos a castigar de esta o de aquella manera, tenemos que llevarlo a efecto. No hay nada peor para un niño que una promesa no cumplida de los adultos. Aunque esa promesa sea la de un castigo.

Intervenir con medidas correctivas es el condimento más amargo de la cocina de la educación, sin embargo es extraordinariamente nutritivo. Todos los padres queremos tener hijos bellos; recordemos la máxima de Safo de Lesbos *"Lo que es bello es bueno, y lo que es bueno, no tardará en ser bello."* Luchemos para que nuestro hijo alcance la belleza de la bondad.

La Biblia, que también en materia de educación es un tratado perfecto, nos recomienda lo siguiente:

"Instruye al niño en su camino, y aún cuando fuere viejo no se apartará de él"

Proverbios 22:6

Encuentro también muy apropiado meditar en el siguiente texto de la Biblia. Me gusta especialmente como figura en la versión en lenguaje actual de las Sociedades Bíblicas Unidas:

"Corrige a tu hijo y vivirás tranquilo y satisfecho."
Proverbios 29:17 (Biblia en lenguaje actual SBU)

RECETAS

Supliendo adecuadamente las necesidades del niño

"Lo que se les dé a los niños,
los niños darán a la sociedad."

Karl Menninger

Las tres áreas de necesidad

Todo ser humano consta de cuerpo, alma y espíritu; Dios nos hizo así. El cuerpo nos permite relacionarnos a nivel físico y humano; el alma es asiento de emociones y sentimientos y el espíritu es la parte de nuestro ser que se relaciona con Dios. Sé que resulta una descripción muy simplista, pero es suficiente para el tema que nos ocupa.

En lo que respecta a suplir las necesidades de un ser humano, y en concreto de nuestros hijos, es necesario que tengamos esto en cuenta por cuanto esas tres áreas deben ser atendidas.

NECESIDADES FÍSICAS.

Ropa, alimentos y demás aspectos materiales deben ser cubiertos mediante el esfuerzo de los padres hasta que nuestros hijos tengan la edad y la capacidad de contribuir. Si alguien es negligente en esto, tiene un serio problema. Sin embargo, y afortunadamente, suelen ser contadísimos los casos de personas que descuidan esta área de la provisión para sus hijos.

En lo que se refiere a las necesidades físicas, es más habitual errar por exceso que por escasez. ¿Hasta dónde debemos cubrir esas necesidades?

Un estudio elaborado por el Instituto de Creatividad e Innovaciones Educativas de la Universidad de Valencia califica a los niños españoles como "consumistas, mimados y consentidos". Las conductas egoístas, perezosas, pasivas y poco colaboradoras de algunos de nuestros hijos pueden ser la consecuencia de tener

29

todo lo necesario sin hacer nada para conseguirlo. Al llegar a la adolescencia, este tipo de conducta puede degenerar en comportamientos antisociales, agresivos e incluso delictivos. Este es un tema delicado y de extraordinaria importancia, por eso lo trataremos con la necesaria amplitud y con detenimiento en la Receta número seis de este libro, titulada, "La Palabra NO Es Una Inyección De Vitaminas"

El problema es que muchas, o quizá todas esas cosas de que disfrutan, son fruto de una actitud solícita de los padres que acceden a sus peticiones, o se anticipan a ellas, sin ninguna contraprestación por su parte.

Estoy convencido de que una de las principales causas de insatisfacción en las personas es haber conseguido de forma reiterada todo lo que deseaban, sin que apenas les haya costado esfuerzo.

"La vida es un hospital - Dijo Charles Baudelaire- *donde cada enfermo está poseído por el deseo de cambiar de cama."* Es decir, todos queremos justo lo que no tenemos; pero esa actitud se acentúa de manera escandalosa en aquellas personas que crecieron viendo satisfechos de inmediato todos sus requerimientos.

Es normal que un bebé se comporte como un ser egocéntrico y caprichoso, porque a esas edades tempranas no se conoce el sentido del sacrificio ni el significado de compartir. Pero no es normal, ni conveniente, que nuestros hijos de más de dos años sigan comportándose como personas egocéntricas y caprichosas.

Si uno frecuenta las periferias de las ciudades, donde vive la clase obrera que ha prosperado a base de esfuerzo y trabajo y se ha comprado un chalet adosado, enseguida descubriremos que abundan los padres cuya idea es que a los hijos hay que darles todas las comodidades que nosotros no hemos tenido. Con demasiada frecuencia los padres caen –caemos- en el error de decir: "Mis hijos tendrán lo que yo no tuve". Y se llega a la situación del niño que tiene en su cuarto la cadena de música, la televisión con pantalla de plasma, la consola, la conexión a internet, etc.

Los padres que lo dan todo se están equivocando. Es como el que quiere mucho a una planta y la riega todos los días, al final la pudre. Cuantas menos cosas hace un niño por sí mismo, peor será en la vida. Tenderá a convertirse en un ser inseguro e irrespetuoso. No estoy diciendo que no haya que darle una cadena de música a nuestro hijo, lo que intento decir es que haremos bien en, por ejemplo, mirar primero que notas ha obtenido en el colegio. Si tiene que esperar un año para tener su cadena de música, tampoco pasa nada. La ley del coste-recompensa dice que una cosa se valora más en la medida en que más trabajo ha costado conseguirla.

Conviene parar a preguntarse si realmente somos mejores padres por darles todo sin que realicen ningún esfuerzo por conseguirlo, y lo más importante, si nuestros hijos serán mejores hijos por tenerlo.

Formar a un hijo significa darle lo necesario para vivir, pero estimularle a que consiga el resto de las cosas con su esfuerzo.

Preparar a un hijo para la vida no es satisfacer todas sus voluntades y caprichos. El departamento de policía de Houston (Texas), publicó una lista de "Doce reglas para criar niños delincuentes" La primera de esas reglas dice así: *"Comience en la infancia dándole al niño todo lo que desee. De este modo crecerá con la idea de que el mundo está en deuda con él"*

Escuché una frase que encierra una verdad demoledora: *"Actuamos como si el lujo y la comodidad fueran lo más importante en la vida, cuando lo único que necesitamos para ser realmente felices es algo por lo cual entusiasmarnos."*

Uno de mis mayores anhelos es ver a mis hijas entusiasmadas, y debo recordar que tal estado no se alcanza con posesiones materiales, sino que tiene mucho más que ver con la motivación y con el alma.

La principal causa de inseguridad en los jóvenes es el exceso de mimos y el proporcionarles en la infancia todo lo que deseen; esos niños no desarrollarán la más mínima capacidad de tolerancia a la frustración y cuando crezcan, el más mínimo contratiempo les hundirá. La segunda causa de inseguridad es de signo contrario: el exceso de censuras, críticas y castigos; nadie es capaz de soportar —y un niño mucho menos— una constante avalancha de reproches y censuras; eso genera un sentimiento de "todo lo hago mal. No soy capaz de hacer nada bien…".

Debemos ser mesurados y buscar siempre el equilibrio; pero no olvidemos que los grandes hombres y mujeres de la historia soportaron pruebas y privaciones en la vida. Poco se puede esperar de las personas que nunca supieron lo que son privaciones, renuncias y sacrificios.

NECESIDADES EMOCIONALES.

Esta área se desatiende con muchísima frecuencia y estoy convencido de que ese descuido no es fruto de la negligencia, sino del desconocimiento.

Recientemente alguien depositó este mensaje en mi correo electrónico:

"Hola José Luis.

Te escribo este mensaje porque estamos preocupados por mi hermano.

Ayer, en la noche, nos sentíamos inquietos y estuvimos orando por él. Tengo la seguridad de que mi hermano tiene un gran problema emocional... aparte de su problema de identidad sexual, tiene también algo relacionado con la violencia, no sólo hacia sí mismo, siento también para con mis padres; todo debido al odio que tiene acumulado dentro de él.

Hoy mi hermano nos ha enviado este mensaje al móvil: "No puedo más, esto es demasiado; encima mamá se enfada. El otro día intenté acabar con todo tomándome un montón de pastillas El trabajo, papá y mamá con su constante enfado... y que son incapaces de abrazarte. No puedo más. Y ahora pierdo las llaves y la cartera. Me quiero morir. ¿Por qué? Si yo oro, y leo la Biblia ... no entiendo nada. Muchas veces he pensado en suicidarme, y lo he intentado haciéndome cortes en la muñeca. Quiero hacerlo porque no valgo para nada.

José Luis, mis padres nos quieren, pero nunca han demostrado su cariño, y esto nos ha afectado a los dos, pero a él de una forma más profunda.

Te escribo esto porque necesitamos tus oraciones y también consejo para tratar este asunto."

Uno de los aspectos que más favorece el aprendizaje en un niño es el sentirse querido y aceptado por sus padres. El gran referente en educación, Piaget, dijo lo siguiente: *"La afectividad es el motor o el freno de la inteligencia."*

NUTRIENDO SUS EMOCIONES

Hay tres necesidades anímicas, cruciales en toda persona. He dado en llamarlo **"Las Tres A´s"**

• **Aceptación**. La carga más intolerable que un hijo puede sobrellevar es la de saber que no ha sido aceptado por sus padres y la segunda carga más grande es la de sospecharlo.

"Ojala no hubieras nacido" "Fuiste un accidente" "Nos arruinaste la vida". Tales expresiones son puñales hincados en el alma de un niño.

Hay padres que nunca les han dicho tales cosas a sus hijos, pero, me atrevo a opinar, que si no les dijeron lo contrario y, sobre todo, si no se lo han demostrado, están en deuda con ellos.

No se trata sólo de que nuestros hijos entiendan que llegaron a este mundo porque les deseábamos, sino que además deben saber que les seguimos aceptando. Es decir, que no sólo aceptamos su nacimiento, sino que les aceptamos de por vida.

• **Afirmación**. La afirmación consiste en que nuestro hijo se siente amado aún cuando ha hecho las cosas mal... a pesar de haberse equivocado. *"Te has equivocado, pero te amo igual que antes"* Nuestros hijos fallarán muchas veces, pero ellos necesitan saber que sus errores pueden ser enmendados.

---

*Las reflexiones que siguen surgieron mientras escuchaba una magistral exposición sobre las necesidades emocionales, impartida por mi amigo el pastor Xoan Castro.

Que les amamos, no por lo que hacen, sino por lo que son.

"*Tarado, inútil, eres un desastre.*" O lo que es peor: un silencio total ante la equivocación de nuestro hijo, es un desgarrón atroz en el alma de la persona.

No insistiremos nunca lo suficiente en la necesidad de afirmar a nuestro hijo cuando éste se ha equivocado y reconoce su equivocación.

Por otro lado, la afirmación también es necesaria ante los aciertos del hijo. El elogio consigue en positivo lo que a veces no se alcanza en negativo con el castigo, pues estimula y desarrolla algo esencial como es la autoestima. Algunos padres, ante los aciertos y victorias de sus hijos utilizan el regalo material; sin desestimar esa opción por completo, yo opino que el elogio debe ser mucho más numeroso y frecuente que el regalo material, de hecho —y esto es una opinión muy personal- creo que los premios materiales, más que educar, adiestran. Pero el elogio es un reforzador de primer orden.

Nasafield pronunció una sentencia terminante: "*De seguro* -dijo- *que cada minuto algo digno y generoso muere por falta de elogio.*" No colaboremos en la aniquilación de las actitudes positivas de nuestros hijos.

La afirmación debe aplicarse especialmente cuando estamos ayudando a nuestro hijo a superar determinadas actitudes negativas. Si se le acusa continuamente de tener un determinado defecto, acabará por pensar que es algo tan arraigado en él que es inútil luchar por corregirlo. En vez de agobiarle diciendo que es un perezoso y un inconstante, dígale que está seguro de que conseguirá sacar esas buenas calificaciones porque va a estudiar mucho. En vez de decirle que nunca ha tenido voluntad y que jamás termina lo que empieza, dígale que ésa es una buena ocasión para que demuestre que en realidad si puede, y en vez de insistir en que es una criatura sin corazón, o un egoísta, apueste por sus buenos sentimientos, y no le defraudará.

El chico da mucha importancia a lo que opinan de él y es muy sensible a los estímulos. Hay que saber apoyarse en esos sentimientos propios de la edad para ayudarles en su mejora personal.

Uno de los más graves errores en la educación, consiste en "etiquetar" al niño. Si el niño ha sido sorprendido en una mentira, decimos que nuestro hijo es un mentiroso, y eso no es así.

- "No hay manera de que haga nada bien."
- "Es un comodón y no lo conseguirá, como siempre."
- "Nunca presta nada de lo suyo; es mejor que no se lo pidas."
- "Nos estropeará el verano, porque suspenderá como siempre; y luego se pasará las vacaciones haciéndose el vago... "

Estas afirmaciones tajantes con que algunos se adelantan a prejuzgar siempre negativamente, acaban con la esperanza de cualquiera. Es una hostilidad impertinente que llena de conflictos la familia y enfría el calor del hogar.

• **Amor.** Es la tercera gran necesidad en el área emocional. En mi opinión el amor no es un sustantivo que define una cosa, sino un verbo que describe una acción. Es decir: El amor genera actos. No me sirve que me digan *"te amo"*, necesito sentirme amado, por la forma en que me tratan, por el tiempo que me dedican, por la atención que me prestan.

Uno de los grandes errores es que pretendemos que nuestros hijos se sientan amados por lo que les damos. Un empresario del sector de los juguetes le decía a un colega: *"La industria del juguete jamás entrará en crisis; porque los padres, al no pasar tiempo con sus hijos se descargarán las conciencias comprándoles regalos"*

Debo asentir con la aseveración de quien dijo: *Nunca los niños tuvieron tantos juguetes, y nunca se han mostrado tan aburridos e indiferentes hacia esos juguetes.*

Uno de los tesoros más grandes que podemos transmitir a nuestros hijos es el tiempo compartido con ellos. El tiempo vivido con padres afectuosos es un valor impresionante que ayuda a los jóvenes a desarrollarse emocional y socialmente.

Soy consciente de que el ritmo vertiginoso en el que vivimos es un experto ladrón de tiempo, pero siempre podemos hacer un hueco para lo importante. Deberíamos aprovechar los momentos en que "nuestro adolescente" está en casa, durante la hora de la cena o mirando un partido de fútbol, para seguir edificando la relación.

NECESIDADES ESPIRITUALES.

Este es el área fundamental en que nuestros hijos necesitan provisión. Si es usted de los que piensan que debemos esperar a que nuestro hijo sea capaz de decidir para comenzar a instruirle espiritualmente, debe saber que mientras usted no le influye, la sociedad, en general, sí lo hace.

Permítame recurrir de nuevo a las "Doce Reglas Para Criar Hijos Delincuentes" que redactó el departamento de policía de Houston. La tercera de esas reglas es: *"Nunca le dé al niño instrucción espiritual al-guna. Espere a que él tenga 21 años y entonces déjele que decida por sí mismo".*

Es posible que un niño tenga todos los aspectos fí-sicos plenamente cubiertos, y sin embargo no sepa por qué, ni tampoco para qué está aquí en la tierra. Cubrir su necesidad espiritual es dar sentido a su vida.

Soy padre de dos hijas; intento ser responsable en lo que concierne a su provisión, educación, formación inte-lectual y proyección de futuro, pero, fuera de toda duda, mi máxima preocupación es su vida espiritual. Todo lo demás tiene importancia, pero este aspecto trasciende a lo temporal y se proyecta en la eternidad. Soy plenamente consciente de que la mayor inversión que puedo hacer en mis hijas no tiene divisa, ni se puede contar en términos financieros, sino que es de tipo espiritual. Por esa razón mi mayor esfuerzo está enfocado a que ellas asimilen la enorme importancia de vivir con Dios en el presente para que esa relación se prolongue en la eternidad.

Mencionaré dos medios fundamentales –aunque sé que hay más- mediante los cuáles suplimos las ne-cesidades espirituales de nuestros hijos:

←**Viviendo delante de ellos vidas de inte-gridad.** El día de mañana, el hoy niño optará, pero debemos darle la opción de conocer y de nuevo aquí el ejemplo es la herramienta más efi-caz. Vivir aquello en lo que decimos creer; ser coherentes y mantener igual patrón de conducta en la iglesia y en el hogar, es el mejor camino para que un hijo respete a sus padres y a las creen-cias que estos profesan. Los padres que frecuen-tan las iglesias deben saber que comportándose como ángeles en la iglesia y como demonios en casa contribuirán decididamente a que sus hijos engrosen las filas de las huestes demoníacas y no las angelicales.

Una madre se dirigió a su hijo, quien en ese tiempo vivia de forma desordenada e inconveniente. Mirándole directamente y con evidente autoridad, le dijo: *"Hijo, tu padre y yo te hemos educado en la justicia divina; te hemos enseñado la Palabra de Dios, hemos vivido ante tus ojos una vida en el temor de Dios. Si tú no quieres vivir en el temor de Dios, en el día del juicio divino, tu padre y yo nos levantaremos como testigos contra ti."*

El muchacho que fue confrontado de forma tan contundente por esta "madre coraje" se llamaba C.H. Spurgeon. Tiempo después, cuando este joven era conocido como "el príncipe de los predicadores" y afectaba positivamente a miles de personas, durante uno de sus inspirados sermones, se dirigió a su madre públicamente, agradeciéndole dos cosas: Su fiel ejemplo y su firmeza al educarle.

Los valores y los principios no se inyectan, ni se administran por vía oral, sino que se transfieren por el ejemplo sincero y cotidiano.

←**Posibilitando que se integren en una iglesia.** En las últimas semanas, por motivos de salud, he estado convaleciente y sin poder acudir a la iglesia. Esa distancia me ha permitido calibrar con más justicia el valor de esos momentos únicos cuando me reúno con quienes creen en Dios y le adoran. He visto como en ese lugar –la iglesia- y en ese tiempo –la celebración del culto a Dios- se encuentra el oxigeno espiritual y el alimento que nutre esa parte de nuestro ser que nos relaciona con Dios.

Amar a la iglesia y vivir comprometidos con ella es fundamental para crecer espiritualmente. Pero la clave para que nuestro hijo llegue a amarla no es "enviarle a la iglesia" sino "acudir juntos a la casa de Dios."

Nuestros hijos establecen su escala de valores observando aquello que nosotros valoramos. Si perciben que algo es importante para sus padres, ellos concluyen: "Si mis padres lo valoran es porque tiene que ser importante" Si ven que para nosotros la iglesia no es más que una opción entre otras muchas, ellos reflexionarán que a aquél lugar se puede ir o dejar de ir sin que eso tenga demasiada importancia. Pero si perciben que la casa de Dios es algo prioritario, a tal punto que relegamos otras cosas para reunirnos, ellos crecerán con la idea firme de que entre las más altas prioridades debe estar la de acudir a la casa de Dios.

Hemos visto las tres grandes áreas –**Física, emocional y espiritual** - en las que toda persona necesita ser atendida. Una de las más descuidadas, probablemente, es la emocional. Terminemos dando respuesta a una pregunta: ¿Cuáles son las consecuencias de la "desnutrición anímica" en un niño?

CONSECUENCIAS DE LA "DESNUTRICIÓN ANÍMICA"

Un déficit en **aceptación, afirmación y amor** traerá consecuencias en los hijos. Algunas de ellas bastante serias.

Quiero enumerar determinados síntomas que nos advierten de un proceso de desnutrición emocional:

-**Autoestima bajísima.** El niño crecerá con la idea fija de *"no soy merecedor de nada" "No merezco el amor de nadie".* Un niño no tiene la capacidad para razonar lo siguiente: *"Mi padre tiene un problema emocional que le impide amarme"* El niño sólo puede razonar así: *"Mi padre no me ama y eso es porque no merezco ser amado" "Si mis padres, que son los que más deben amarme, no lo hacen, ¿cómo puedo pretender que me amen los demás?".* Esos niños crecerán con ese déficit y vivirán con un cartel escrito en sus frentes. Un cartel imperceptible para los ojos físicos, pero totalmente evidente en el ámbito psicoemocional. Un cartel que dice *"NO ME AMO".* La sociedad que le rodea, y que tiene tendencia a la crueldad, razonará diciendo: *"Si no te amas tú, ¿por qué tengo que amarte yo?"* Y esos niños vivirán rechazados.

-**Perfeccionismo.** Cuando una persona no es afirmada en medio de los errores, crecerá con la idea de que se le ama en base a sus méritos; en consecuencia buscará hacerlo todo perfecto y eso supondrá una tortura para él. Pero ese mismo espíritu perfeccionista le llevará a ser extremadamente crítico con los demás. Los niños que han crecido con el "síndrome del perfeccionismo" desarrollan una extraordinaria capacidad para fijar su mirada en el 10% que no funciona bien, a la vez que ignoran el 90% que funciona correctamente. A esto lo llamo "el síndrome del buitre". Pues éste ave es capaz de volar sobre un prado cubierto de las flores más diversas sin experimentar ninguna emoción, para luego detener su vuelo en seco y lanzarse a por diez gramos de carroña que pudiera haber bajo los pétalos de una flor. Así ocurre con quienes han crecido careciendo de aceptación, amor y afirmación. Se convierten en seres extremadamente críticos con los demás e incapaces de apreciar, porque ellos mismos sufren la frustración de no haber sido afirmados.

-Ultrasensible a las críticas y opiniones de los demás. Una crítica dirigida contra ellos o contra algo que ellos hicieron puede hundirles. No se sienten aceptados, no se sienten afirmados, no se sienten amados y su alma está en ruinas.

-Miedo a relacionarse con los demás y un miedo atroz a enfrentar retos y aceptar desafíos de la vida.

-Problemas de tipo sexual. Su autoestima bajísima les lleva a encontrar el placer en lo oculto y en la soledad. Pornografía y masturbación son salidas aparentes, pero luego se convierten en callejones sin salida.

-Identidad sexual alterada. Cuando falta el abrazo del padre, es fácil que busquen ese abrazo en otro hombre. Si carecen del cariño de la madre, pueden buscarlo en otra mujer.

-Depresiones. Hay varios tipos de depresión: Orgánica o bioquímica, que se combate mediante medicamentos. Depresión por una pérdida fuerte. Puede ser la muerte de un ser querido o un divorcio y se combate con el tiempo y el amor de los que quedan. Depresión por agotamiento; se combate con descanso. Y la que son susceptibles de sufrir los niños anímicamente desnutridos: Depresión originada por la ira que se ha ido acumulando hacia una persona. La sanidad requerirá, en este caso, de un proceso donde intervendrán factores múltiples. Uno de ellos, aunque no el único, será perdonar a quienes provocaron la herida.

La Biblia nos exhorta con claridad:

"Si alguno no provee para los suyos, y mayormente para los de su casa, ha negado la fe, y es peor que un incrédulo."

1ª Timoteo 5:8 (RVR 1960)

Recordemos que proveer significa suplir las necesidades físicas, espirituales y emocionales.

REMEDIOS PARA LA DESNUTRICIÓN

Concluiré dando respuesta a la pregunta crucial: ¿Cómo puedo evitar que mi hijo padezca desnutrición emocional?

Conozco una fórmula. Se trata de una medicina extraordinariamente efectiva y que consta de tres ingredientes:

• **Tiempo.** Tal vez no podemos dedicarles muchas horas, pero podemos hacer que sea un tiempo lleno de contenido. Cinco minutos pueden valer tanto como una vida entera. Aunque, por descontado, debemos dedicarles tanto tiempo como podamos.

•**Comunicación.** No se trata de estar juntos, sino de estar unidos. Hablarnos y respondernos. Utilizar, no sólo el lenguaje verbal, sino leer mensajes en nuestros ojos. Mirar a los ojos de nuestros hijos mientras les hablamos llena de sentido las palabras. Abrazar a nuestro hijo es enviarle un mensaje poderoso que afectará a toda su vida.

• **Comunión.** Aquí me refiero a la intimidad familiar. Compartir más que palabras; compartir momentos especiales, aficiones... conversaciones y silencios.

La familia requiere su espacio, su tiempo, su forma de comunicación que ha de defender. Esta privacidad le permite vivir con confianza, motivarse mutuamente, sanar heridas y sentirse grupo con su propia identidad.

Dedicando **tiempo** a nuestros hijos estaremos facilitando la **comunicación**, que, practicada con asiduidad fomentará la **comunión** entre ellos y nosotros.

Es posible que la lectura de estos principios nos provoque el inquietante sentimiento de haber hecho las cosas mal. Personalmente, soy consciente de haber cometido muchos errores al ejercer el oficio de padre. Lo importante es corregir aquello en lo que hemos errado. Nunca es tarde para rectificar. Agustín de Hipona lo dijo así: *"Errar es humano, perseverar en los errores es diabólico".*

PARA CERRAR ESTE CAPÍTULO...

Convencido de la rentabilidad que de su lectura pueden extraer los lectores, quisiera presentar a continuación las Doce Reglas Para Criar Hijos Delincuentes, redactadas por el departamento de policía de Houston, Texas.

1. *Comience en la infancia dándole al niño todo lo que desee. De este modo crecerá con la idea de que el mundo está en deuda con él.*

2. *Cuando aprenda palabras feas, celébrelo con risas. Esto le hará pensar que es ingenioso. También esto le alentará a aprender frases "más ingeniosas" que más tarde le producirán a usted dolores de cabeza.*

3. *Nunca le dé al niño instrucción espiritual alguna. Espere a que él tenga 21 años y entonces déjele que decida por sí mismo.*

4. *Evite el uso de expresiones como "Eso no debes hacerlo" o "Eso es incorrecto". Puede desarrollar un complejo de culpabilidad. Nunca le recrimine lo que haga, eso le preparará para que más tarde, cuando sea arrestado por robar un automóvil, crea que la sociedad está en su contra y que se le persigue.*

5. *Recoja todo lo que él deje por allí tirado: libros, zapatos, ropas… Hágale todas las cosas de modo que él se acostumbre a echar toda la responsabilidad sobre otros.*

6. *Déjele que lea cualquier material impreso sobre el cuál ponga sus manos. No limite ni controle su acceso a Internet. Preocúpese de que los utensilios de la mesa estén bien esterilizados, pero deje que su mente se deleite en la basura.*

7. *Mantenga frecuentes disputas con su pareja en presencia de sus hijos. De este modo no se verán tan afectados cuando más tarde el hogar se deshaga.*

8. *Dele al niño todo el dinero que desee gastar. No le permita ganarlo por si mismo. ¿Por qué habrían de resultarle tan duras las cosas como lo fueron para usted?*

9. *Satisfaga todos sus deseos en cuanto a comida, bebida, caprichos y comodidad. La negación de esos deseos podría conducirle a una frustración dañina.*

10. *Póngase de parte de él contra los vecinos, maestros, profesores de escuela dominical, pastores y policías. Todos están prejuiciados en contra de su hijo.*

11. *Cuando él se meta en verdaderos problemas, discúlpese diciendo: "este niño… nunca pude hacer nada con él"*

12. *Prepárese para una vida de dolor y pesadumbre. La va a tener con seguridad.*

RECETA

30

AUTORITARISMO E IRA.
Dos ingredientes que nunca deben estar en la cocina de la educación

"Quienquiera que seas, hay una persona
más joven que cree que eres perfecto.
Hay trabajo que jamás se haría si tú no lo haces.
Hay alguien que te extrañaría si te marcharas.
Hay un lugar que solamente tú puedes llenar."

Jacob Braude

La corrección que genera rebeldía

Mientras relleno estos folios, un nombre resuena con insistencia, machacando en mi mente. Es el nombre de Alba.

Alba es una niña de cinco años que ha saltado a la fama sin quererlo, sin buscarlo, estoy seguro que sin merecerlo. Su fama es terrible, dolorosamente terrible. Se hizo popular por haber sufrido, de forma reiterada, la agresión y los maltratos de su padre. Alba permaneció varios días en la UCI de un hospital, debatiéndose entre la vida y la muerte a causa de la última paliza recibida. Finalmente ganó la batalla que libraba con la muerte, pero salió de la misma con secuelas muy severas que arrastrará toda la vida.

Escribo preso de una febril indignación. Toda violencia me parece detestable, pero califico de tiranía intolerable aplicarla sobre una inocente criatura, incapaz de defenderse.

El diario La Razón, en su edición del 8 de junio de 2006, incluyó la siguiente crónica, advierto que, según el grado de sensibilidad de cada uno, puede llegar a resultar espeluznante:

"Lo más difícil es cometer la primera agresión. El maltratador comienza pegando una bofetada, pero una vez que ha superado ese límite, los empujones, las patadas y los puñetazos se suceden. Cuando el maltratador "se cansa" de que sus manos se queden rojas y doloridas, después de pegar demasiados azotes, comienza a utilizar palos de escobas o cinturones, cables, botellas, jarrones, objetos calientes… para descargar sus iras sobre los pequeños, que en la mayoría de los casos son sus propios hijos.

Un menor ingresó en Urgencias del hospital materno-infantil de Son Dureta ya en coma profundo, con una fractura craneal y varias contusiones por todo el cuerpo después de que, al parecer, fuera víctima de malos tratos por parte de sus padres adoptivos.

Las agresiones van en aumento. Y es que los maltratadores cuidan mucho donde pegan. Pero si algún día, la ira y el rencor les supera, no controlan sus nervios, se exceden con sus castigos y el puñetazo le deja un hematoma demasiado grande en la cara, ese día el niño no va al colegio y problema resuelto.

Las agresiones van en aumento y las represalias de padres desquiciados, superados por sus trabajos y por sus problemas conyugales no conocen límites.

Además de los brutales golpes que reciben, algunos llegan incluso a raparles la cabeza como parte de un castigo.

Otro caso reciente fue el de un hombre de nacionalidad marroquí que decidió quemar a sus dos hijos pequeños con un tenedor al rojo vivo. Los Mossos (Cuerpo de policía de la comunidad Catalana) le detuvieron y el padre argumentó que solamente era un castigo por portarse mal.

Aunque el maltrato no siempre es físico y lo que hacen muchos progenitores es descuidar a sus pequeños.

Pero aunque en la mayoría de los casos son los padres los que maltratan a sus hijos, no son los únicos.

Y es que las cifras de casos tipificados como delito a niños cometidos por sus progenitores se ha multiplicado por dos en apenas cuatro años. De este modo, en el 2004 más de 3.000 menores fueron agredidos por sus padres."

Hoy, más que nunca, deseo que se asimile lo que humildemente intento exponer, concerniente a la forma de intervenir para corregir a nuestros hijos e hijas.

El argumento de "le golpeé para educarle", no supone un atenuante. Un golpe hiere, no educa. Los castigos físicos suelen producir humillación y rebeldía. Hay métodos disciplinarios suficientes y formas de intervenir adecuadas, que hacen innecesario llegar a la violencia física con el objetivo de educar.

Por otro lado, si quiere empujar a su hijo a la rebeldía disciplínele en público, delante de sus amigos o de otras personas. Eso le humillará y provocará en él rencor hacia usted.

Por supuesto que ninguno de nosotros desea criar un hijo rebelde, por eso no debemos olvidar la gran importancia de no gritar ni perder los estribos. A veces es difícil no perderlos. De hecho todo educador sincero reconoce haberlos perdido alguna vez, en mayor o menor medida. Perder los estribos supone un abuso de la fuerza que conlleva una humillación y un deterioro de la autoestima para el niño. Además, a todo se acostumbra uno. El niño acaba acostumbrándose a los gritos, a los que cada vez hace menos caso; ya lo dice el refrán: "Perro ladrador, poco mordedor". Al final, para que el niño hiciera caso, sería necesario gritar tan alto que ninguna garganta humana está concebida para alcanzar la potencia necesaria para que el niño reaccionase. Por otro lado, gritar conlleva un peligro inherente. Cuando los gritos no dan resultado, la ira del adulto puede pasar fácilmente al insulto, a la humillación e incluso a los malos tratos psíquicos y físicos, lo cual, como no nos cansaremos de repetir, es muy grave.

Muchos padres, llevados por la ira del momento, hieren el corazón de los hijos con palabras semejantes a éstas: *"Tú no sirves para nada." "Maldita la hora en que te engendré." "Eres la vergüenza de la familia."*

Después, cuando uno está en calma, reflexiona y se arrepiente. Pero ya es tarde. Dicen que hay dos cosas que son imposibles de frenar: La flecha lanzada y la palabra pronunciada. La sentencia fue dicha y el corazón de nuestro hijo ya fue herido. Sin duda que la herida sanará y la relación, poniendo ambos de su parte, podrá llegar a restaurarse, pero siempre quedará una cicatriz.

Nunca debemos llegar a este extremo. Si los padres se sienten desbordados, deben pedir ayuda. Hay tutores, psicólogos, escuelas de padres…

Es llamativa la autoridad natural de quien rara vez se enfada de forma evidente. Suelen ser personas con una serenidad y un dominio de sí mismos que resultan atractivos e infunden respeto.

Lo correcto es que la corrección se haga "estando de buenas", y en ello va gran parte de su eficacia. El autoritarismo y la ira son errores graves. Nada conseguirá un padre o una madre que reprenda a sus hijos a gritos, dejándose llevar por la ira, amedrentando, imponiendo castigos precipitados, haciendo descalificaciones personales o sacando trapos sucios y antiguas listas de agravios.

SI NO SOMOS EDUCADOS AL CORREGIR, NO ESTAMOS EDUCANDO

Si retrocedemos un par de generaciones, a la época de nuestros abuelos, recordaremos que lo que prevalecía en la mayoría de los hogares era un estilo de educación autoritaria, tiránica y agobiante. Por lo común la relación entre padres e hijos se trataba de una relación "dominantes/dominados" en la que era más que evidente el yugo de la dominación paterna. Esa forma de educar demostró no ser conveniente; por fortuna los tiempos han cambiado y con ello la forma de educar a nuestros hijos. Apenas quedan hogares en los que persista ese estilo de educación; no obstante algo permanece.

Recuerdo el caso de un muchacho al que el miedo aterrador a sus padres llevó a una fabulosa sucesión de mentiras, tejiendo un verdadero castillo de naipes que acabó finalmente por caer, con un elevado coste familiar. El caso es que los motivos que el muchacho daba para haber hecho todo eso eran quizás injustificados, pero comprensibles.

El mal genio de sus padres, los castigos irreflexivos y desproporcionados y los repetidos disgustos familiares que cualquier tontería provocaban, acabaron por retraerle con un miedo que -para él, a esa edad- resultaba insuperable.

La precipitación al castigar produce injusticias que a los chicos les parecen tremendas. Es mejor tomarse el tiempo necesario, y si hay más de una parte implicada, conocer la fiabilidad de cada versión, cerciorarse de la culpabilidad de cada uno, y entonces, una vez calmados y con elementos de juicio, decidir lo más oportuno.

Al reprender a nuestros hijos, debemos estar a solas con ellos, aunque eso suponga esperar. Es difícil que el chico reconozca su mala actitud o sus errores si lleva aparejada una confesión casi pública. Actuar así es facilitar que añada nuevas mentiras, y un enfado casi seguro. La reprimenda pública suele ir acompañada de humillación, y él tiene un fuerte sentido del ridículo. Luego hablará del broncazo que me echaron delante de mi hermana, o ese día que estaban los tíos en casa…, y es algo que le costará sin duda digerir.

Cualquiera puede enfadarse, eso es muy fácil. Pero hacerlo con la persona adecuada, con la intensidad óptima, en el momento oportuno, por la causa justa, y de la manera correcta, eso ya no es tan fácil.

Conviene tener en cuenta la reflexión de Concepción Arenal, cuando dijo: "El castigo pierde toda su eficacia si se ve que la pasión anima al que lo impone."

Por otro lado, no debemos olvidar la importancia de la disciplina positiva, que consiste en apreciar aquello que nuestros hijos hacen bien, mediante palabras de agradecimiento y felicitación por los logros que hayan conseguido. El uso adecuado de la disciplina positiva evita, en muchos casos, la correctiva.

A veces el mejor premio es una sonrisa, una felicitación efusiva o un abrazo. Le animo a que descubra a su hijo haciendo algo bien y elógielo.

ALGUNOS CONSEJOS PARA CORREGIR SIN DISTANCIAR

Se me ocurren algunos consejos prácticos que resumen lo que estoy intentando transmitir:

• **Haga saber a su hijo que la corrección es un acto de amor.** No intervenimos porque hayan agotado nuestra paciencia. Lo hacemos porque no queremos que nuestro hijo se eche a perder. La corrección aplicada con ese fin nunca aleja a los hijos de los padres, por el contrario, los acerca. Genera en ellos amor y respeto por los padres.

• **Enseñe a su hijo que el castigo se puede evitar si hay obediencia.** Ningún hijo tiene, necesariamente, que estar siendo disciplinado todo el tiempo.

• **Corrija sin ira.** El castigo tiene que aplicarse con prudencia y con moderación. Si usted se quita la correa y la descarga sobre su hijo, echando espuma de ira; no importa cuanta razón tenga usted, ni cuan equivocado esté su hijo. Esa disciplina fallará y dará frutos amargos. La corrección no debe ser el último recurso de un padre que ha llegado al límite de su paciencia, sino el primer paso, lleno de amor, de quien quiere evitar a su hijo daños mayores. Porque la disciplina tiene como objetivo, no el desahogo de la ira momentánea, sino forjar un carácter en nuestro hijo, que le evitará gran sufrimiento en el futuro.

• **Cuando castigue, hágalo en privado.** No intervenga con medidas correctivas hacia su hijo delante de los demás, exponiéndole de este modo a la vergüenza. Hágalo en un lugar donde nadie los esté viendo.

• **Al corregir, explique a su hijo por qué lo hace.** No debemos dar por sentado que el niño sabe la razón por la que aplicamos medidas correctivas. Debemos explicárselo con claridad. Recordemos que la palabra es una herramienta con la que construimos o destruimos las relaciones con nuestros hijos. Ser conscientes de qué decimos y cómo lo hacemos nos ayudará en todas las situaciones a mostrarles lo mucho que los queremos.

• **Después de corregirlo,** dedique siempre un tiempo a la reconciliación y perdón de su hijo. Que no se sienta únicamente disciplinado; él debe sentirse amado. Incluso, añadir un comentario con buen humor es una de las mejores formas de recuperar el buen ambiente y conectar de nuevo con lo mejor de nosotros.

• **Reconozca sus errores.** Nadie es perfecto, los padres tampoco. Si el padre presume de perfecto, todo lo que consigue es que el niño diga "papá es inimitable", y ni intente parecerse a él. Pero el padre que es capaz de acercarse a su hijo y decirle: "Hijo, me he equivocado, tu padre es humano también, he metido la pata. Acabo de darle un grito a tu madre y me he portado mal; así no se hacen las cosas" Eso hará que al día siguiente se acerque nuestro hijo y nos diga: "Oye papá, me he equivocado yo también" Si queremos que nuestro hijo reconozca sus errores y los supere, tenemos que darle nosotros ejemplo de que no pasa nada por reconocer los fallos. Por otro lado, el reconocimiento de un error por parte de los padres da seguridad y tranquilidad al niño y le anima a tomar decisiones aunque se pueda equivocar, porque los errores no son fracasos, sino equivocaciones que nos dicen lo que debemos evitar. Finalmente, si a pesar de todo hemos perdido el control y hemos usado las palabras para agredir a nuestro hijo, seamos capaces de pedirle perdón o de demostrarle que lamentamos lo que ha sucedido. Será la mejor manera de restablecer la relación cicatrizando las heridas interiores que las palabras pueden provocar. Pedir perdón no resta autoridad, por el contrario, la confiere.

Los hijos son tesoros que merecen todo el amor, respeto y cariño. Son tesoros que Dios ha entregado en las manos de los padres.

También en esto la Biblia nos advierte:

> *"Quien no corrige a su hijo, no lo quiere; el que lo ama, lo corrige."*

Proverbios 13:24 (DHH)

RECETA

4

Las medidas correctivas, ¿digestivas o indigestas?

"Nunca podrá equivocarse quien dé al niño mucho amor y besos, intercalados con disciplina."

Ian Marshall

Intervenir, pese a todo es necesario

Los padres, por regla general, quieren a sus hijos, y los quieren mucho, y ocurre a veces que tenemos temor de que el corregir a nuestros hijos pueda distanciarlos de nosotros, pero la realidad es que un hijo disciplinado se siente querido cuando la corrección se aplicó con amor.

La ausencia de corrección y el exceso de permisividad han propiciado el surgimiento de una generación de jovenes que crecieron sin límites y que adoptan posturas que en algunos casos son muy perjudiciales, no sólo para ellos sino también para el conjunto de la sociedad. En el último tiempo cunde la alarma por la escalada de la violencia entre adolescentes y jóvenes. Es fruto de la permisividad: una generación de jovenes afectada por lo que yo llamo.

El síndrome de Caín o cuando la violencia es mi lenguaje

«Durante un tiempo, antes de subirme a mi coche, miraba a un lado y a otro, porque tenía verdadero miedo». Éste es el relato, a puerta cerrada, del director de un centro de Secundaria cualquiera, en una zona de la Comunidad de Madrid cualquiera, un día lectivo cualquiera.

Un profesor de secundaria denuncia que mientras caminaba por el patio de la escuela un pupitre ha caído justo a su lado, pero el objetivo era que cayera sobre su cabeza. Otro profesor es abordado en los pasillos de la escuela y golpeado repetidamente por un alumno, mientras tanto, otros alumnos graban la escena con el móvil, para luego colgarlo en Internet.

Cerca de un treinta por ciento del profesorado toma baja laboral por depresión, las causas de este hecho son varias y complejas, pero el acoso de los alumnos está presente en múltiples casos, y los alumnos sienten que han ganado la batalla.

Hoy conocí el último "logro" de estos jóvenes y sentía como mi cuerpo se descomponía al escuchar a un periodista relatando como, en un colegio italiano, la práctica totalidad de los alumnos de un aula, se dedicaron a golpear a un compañero con Síndrome de Dowm porque éste, incapaz de controlar sus actos a causa de su limitación, se había defecado en clase.

No pude evitar que la sangre me hirviera ante tamaña injusticia. Este acto es mezquino, cruel e injustificable; pero resulta aún más atroz cuando conocemos el detalle de que, mientras golpeaban al indefenso chaval, se dedicaron a grabar la escena con el móvil para luego colgarlo en Internet. ¿Qué hay en la cabeza de algunos de nuestros niños, adolescentes y jovenes? ¿Qué ideas circulan por sus autopistas neuronales? Si es que hay neuronas en las cabezas de quienes conciben tales ideas.

Son la generación de Caín; tribus de muchachos que consideran la violencia como una forma de diálogo y los golpes como una divisa con la que intentar comprar un poco de autoestima. Manadas de lobos que actúan como energúmenos cuando van en grupo y como auténticos cobardes en la soledad.

Mientras meditaba en este hecho y en la terrible escalada de violencia que se da en las aulas, cayó en mis manos un artículo del periodista Miguel Ángel Nieto. No puedo sino expresar mi total acuerdo y afinidad con la opinión que expone en las siguientes líneas:

"Me estoy volviendo carca. No soporto que los jovenes no sepan hablar de usted. No soporto que un adolescente no ceda el asiento a una embarazada y soporto aún menos a sus padres, que ni les sugieren levantarse. En Madrid ya no hay usted, ni gracias, ni por favor. Así se explica la pesadilla que se vive en las aulas. En

los treinta y tres primeros días lectivos de este curso, 200 maestros madrileños han pedido auxilio al Defensor del Profesor. ¿Motivos? Los niñatos consentidos. Sus padres los mandan a la escuela como quien manda el 4x4 a reparar. Los maestros son para ellos mecánicos obligados a modelar las conductas violentas de los chicos. Resultado: la semana pasada, una maestra de Vallecas relataba al periódico su personal infierno; hace dos semanas, unos descerebrados grabaron con el móvil la paliza que dieron al profesor; y esta semana, los niñatos están colgando en Internet fotos de sus maestros para ponerlos a caldo."

Los últimos estudios arrojan un dato muy preocupante: un 40% de los padres optan por la tolerancia sin límites. Eso significa que cuatro de cada diez padres no tomarán ninguna medida cuando su hijo pegue a un profesor, o a un compañero, o a quien sea.

Un profesional de la Educación expuso lo siguiente:

"Los padres pueden evitar la violencia escolar. Como profesional de la educación, estoy convencido de que la violencia escolar tiene su origen en la falta de normas en la familia. Aunque no sea la única causa, sí es la primera. Las agresiones están motivadas por la pérdida del sentido de la autoridad, del respeto hacia la figura del profesor y hacia los padres, que deben ser los primeros en educar en valores o principios éticos elementales, como el respeto y la solidaridad, acompañándolo con el ejemplo. Además, los padres deben mantener una conexión directa con el colegio y comprobar si sus hijos cumples las normas que allí hay. La falta de autoridad está haciendo del educar una profesión de riesgo."

¿Cómo puede un padre y una madre educar en principios? Conozco un proceso que consta de tres pasos:

• Enseñar A Los Hijos Lo Que Es Correcto: Tomemos el ejemplo que nos ofrecía el profesional de la educación. Mientras viajas con tu hijo en un medio de transporte público, observas que sube una mujer embarazada o una persona anciana. Te vuelves a tu hijo y le dices: "Hijo, lo correcto es ceder el asiento a esa persona". Con ese acto sencillo, acabas de enseñar a tu hijo un principio de conducta.

• Reafirmar La Enseñanza Con El Ejemplo: Esa persona sube al transporte público y tú estás ocupando un asiento. Entonces te levantas y la invitas a que se siente en el lugar que tú ocupabas. Con ese acto solidario, acabas de reafirmar un principio de conducta mediante tu ejemplo.

• Exhortar A Los Hijos A Que Obren En Base A Esos Principios: La embarazada o el anciano subieron al transporte público, tú estás en pie pero tu hijo ocupa un asiento. Aguardas a que él se levante y ceda el sitio, pero no lo hace. Entonces te diriges a tu hijo y le exhortas – y llegado el caso le exiges - que ceda ese lugar a la persona que lo necesita más que él. Con ese acto valiente, acabas de realzar un principio como forma de conducta.

O establecemos normas y límites o el síndrome de Caín seguirá infectando a esta generación de adolescentes y jóvenes. Eduquemos en principios y valores y si no lo hacemos, no nos lamentemos luego cuando la generación de Caín, una manada de niñatos consentidos, impongan su opinión a golpes y muestren su disconformidad apaleando a un profesor, y ¿por qué no? también a un padre. Eso venderá mucho cuando se cuelgue en Internet.

Sé bien que los casos antes mencionados, en relación con la violencia en las aulas, se refieren a hechos puntuales y aislados.

Un amplio sector de la juventud vive vidas normales, totalmente ajenas a la violencia e incluso posicionados contra ella. No es mi intención generalizar, ni tampoco dar un tratamiento simplista y superficial a un hecho tan complicado. Soy consciente de que las noticias y recortes de prensa ilustran un punto de vista, pero no pueden ni deben establecerse como fundamento de un argumento tan complejo como el relativo al sentir de la educación. Pero, por otro lado, para combatir un virus es necesario someterlo a la inclemente exageración del microscopio, y tal vez las reflexiones que hice y haré, aunque puedan parecer exageradas, sirvan para alertar y apercibir.

Pero la corrección debe ser aplicada con amor

El Defensor del Profesor en la Comunidad de Madrid decía el otro día: "Tengo que buscar ser el padre de mi hijo, y no su amigo" Estas palabras pueden resultar controvertidas si no se explican. Lo que este hombre intenta denunciar es que demasiados padres llevan la tolerancia al límite, por miedo a perder la amistad de sus hijos. Un progenitor debe ser un padre más que un colega. Pero la disciplina no está reñida con la amistad. Se puede ser padre y amigo. Estoy convencido de que la corrección nunca aleja al hijo de los padres, pero la forma en que la aplicamos sí puede obrar distanciándoles de nosotros, o, por el contrario, fomentando la cercanía.

Una disciplina aplicada con amor, producirá amor. La corrección administrada con respeto, infundirá respeto.

63

Nuestro hijo puede sentirse "castigado" o "educado", según la forma en que se le disciplina.

Es fundamental que antes de disciplinarle expliquemos a nuestro hijo por qué lo hacemos y le digamos claramente que a nosotros nos duele tanto o más que a él tener que aplicar un castigo.

Si el hijo entiende que la corrección es aplicada por su bien, aún así no lo recibirá de buen grado, eso es inevitable, pero a la larga razonará que lo hicimos, no por enojo, sino por amor. La Biblia lo dice claramente: *"Ninguna disciplina al presente parece ser causa de gozo, sino de tristeza; pero después da fruto apacible de justicia a los que en ella han sido ejercitados."* Hebreos 12:11 (RVR 1960)

El problema viene cuando aplicamos la corrección en un momento de ira o frustración. En la sociedad actual funciona lamentablemente bien lo que podríamos definir como "la transferencia de la ira". Consiste en lo siguiente: En el trabajo, el jefe de sección recibe una tremenda reprimenda del director general, entonces ese jefe reprendido descarga su ira en el empleado, quien, a su vez, llegará a casa enfadado y volcará la frustración y la ira en su esposa, la esposa lo hará en el hijo y el niño, no teniendo ningún inferior más inmediato dará una patada al perro, el perro descargará su enfado en el gato… y así sucesivamente.

Pero lo opuesto también funciona; podemos proponernos no transferir ira, sino alegría. Una sonrisa es contagiosa, lo mismo que un elogio. Cuando transmitimos a los más próximos nuestro cariño y simpatía, podemos estar iniciando una incalculable transferencia de amabilidad.

De cualquier modo, nunca deberíamos corregir ni disciplinar impulsados por condicionantes de frustración. Uno de los grandes riesgos de educar bajo la influencia de nuestro estado de ánimo es que no seremos coherente al calibrar los hechos ocurridos y las consecuencias que estos deben tener. De ese modo se incurre en desequilibrios y posiblemente en injusticias. Ya hemos dicho que los niños han de tener referentes y límites estables. Las reacciones del padre/madre han de ser siempre dentro de una misma línea ante los mismos hechos. Nuestro estado de ánimo ha de influir lo menos posible en la importancia que se da a los hechos. Si hoy está mal rayar la pared, mañana, también.

AYUDÁNDOLE A CAMBIAR

Después de aplicar la corrección debemos recordarle que él sigue siendo nuestro hijo/a a quien amamos con todo el corazón; y ese es un momento adecuado para reforzar sus puntos positivos. Alguien opinó sabiamente que por cada cosa negativa que le digamos a alguno de nuestros hijos, deberíamos decirle tres positivas en el mismo día.

De manera especial, si percibimos en ellos un deseo de superarse y portarse bien, es importante reforzar esa actitud con nuestra aprobación y elogio. Cuando nuestros hijos intentan algún cambio no siempre lo logran en el primer intento. Pero las cosas mejoran si siente que su esfuerzo es valorado por los demás, aunque el resultado no sea todavía el esperado. Si aguardamos a que todo esté bien para decirle a un hijo que se nota que está haciendo un esfuerzo, casi nunca llegará ese momento. Pero si nos adelantamos y somos capaces de decir que estamos viendo su buena intención y que las cosas van algo mejor, animamos al que está intentando cambiar a seguir luchando por ello.

Pensemos que lo que le sale mal no es por fastidiarnos, sino porque está en proceso de aprendizaje. Al niño, como al adulto, le encanta tener éxito y que se lo reconozcan.

La falta de interés les entristece mucho. La mente de un niño rápidamente puede concebir un pensamiento como *"Mis padres no me entienden. Ayer, llegué todo contento a casa porque me había salido muy bien el examen, y no me hicieron caso; seguramente tendrían cosas más importantes de las que preocuparse que de mí"*.

El sentido crítico y la característica sagacidad infantil hacen en estos casos un efecto arrollador en la descripción de esas situaciones. *"El otro día, que quise hacer algo bien y me puse a poner la mesa, se me cayó un vaso y se rompió. Y fue porque me había empujado mi hermano. Y llegó mi padre en ese momento y, sin preguntar más, me dio una bofetada. Encima… Eso me pasa por querer ayudar. Y mi hermano, que no hace nada, ¿qué…? Se ve que lo mejor en casa es pasar desapercibido y desaparecer cuanto antes, y no hacer nada, ni bueno ni malo."*

A veces me he preguntado: ¿Por qué cuesta tanto dar ese ánimo al adolescente que está intentando colaborar algo más en las tareas de casa, o al marido a la mujer, si están intentando algún cambio?

Si el niño se siente frecuentemente reprendido y casi nunca ve reconocidos o recompensados sus actos meritorios -aunque a los padres les parezcan insignificantes comparados con los dignos de castigo-, ante esa insensibilidad de los padres, van desapareciendo en él los deseos de hacer cualquier cosa positiva.

Por otro lado, no conviene ser falsos en nuestras expresiones hacia los hijos. Los adolescentes son especialmente sensibles a la valoración en falso, y necesitan que se sea sincero con ellos. Pero el esfuerzo siempre puede ser señalado, aunque no el resultado, mientras no se haya conseguido. Por ejemplo, se puede decir a una hija "se nota que te estás esforzando por mantener la habitación más ordenada". Pero si todavía no está bien ordenada no le podemos decir "que ordenada has dejado la habitación"

En definitiva, podemos ayudar a nuestros hijos –y también al resto de la familia- a mejorar, si valoramos su esfuerzo y sus intentos, y se lo decimos.

Ya mencionamos anteriormente que las palabras tienen el don de perdurar largamente en la memoria. Y lo peor es que, las palabras hirientes, algunos niños las resucitan más tarde para esgrimirlas como armas contra sí mismos. Puede apropiarse de la sentencia mediante la que su padre le dijo "eres un inútil" y convertirla en una profecía de su destino. Pero del mismo modo las palabras amables y de elogio resultan sanadoras y son una fuente de motivación para el futuro.

Y nunca olvidemos que la educación y la aplicación de la disciplina que ésta conlleva, son una labor de siembra cuyos resultados debemos aguardar con paciencia.

> *"Ciertamente ningún castigo es agradable en el momento de recibirlo, sino que duele; pero si uno aprende la lección, obtiene la paz como premio merecido."*
>
> Hebreos 12:11 (DHH)

DOS TIPOS DE MEDIDAS CORRECTIVAS

Hay dos tipos de medidas correctivas, diferenciados por el tiempo y la situación en que se aplican. Los hemos mencionado en capítulos anteriores, pero ahora queremos describirlos:

a) Medidas Preventivas. Son las que se administran "antes de…" o "para evitar que…" Se trata de una intervención que intenta evitar las consecuencias inherentes a los actos indebidos. Estas medidas no suelen consistir en castigos sino en enseñanzas. En el ámbito de las drogas, por ejemplo, esta intervención orienta su esfuerzo a que la persona no pruebe la droga.

b) Medidas Curativas. Consiste en intentar restaurar lo que ya sufrió daños. Repara las consecuencias que ya se padecieron. Continuando con el ejemplo del apartado anterior, en este caso lo que intentamos es que el drogadicto deje de serlo y que los daños producidos se puedan paliar.

Por descontado que debemos definirnos y enfocar nuestro esfuerzo al primer tipo de intervención, la que previene en vez de reparar.

¿Cuándo comenzar a aplicar esas medidas? La agilidad es vital. Una madre hizo la misma pregunta a un reconocido pedagogo:

-¿Cuándo debo comenzar a educar a mi hijo?
El profesional la respondió con otra pregunta:
-¿Qué edad tiene su hijo?
-Mi hijo sólo tiene cuatro meses. – Respondió la mamá con una sonrisa condescendiente.
-Pues regrese a casa rápidamente -Recomendó el doctor-, y comience a educar de inmediato, porque ya lleva usted cuatro meses de retraso.

La mayoría de educadores, psicólogos y pedagogos coinciden en que las influencias, impactos y enseñanzas que los niños reciben en sus primeros cinco años, condicionan y en algunos casos determinan el resto de sus vidas. Por esta razón debemos ser ágiles en educar.

ALGUNAS REFLEXIONES Y SUGERENCIAS PARA CORREGIR A LOS HIJOS.

1.- *La corrección irá precedida por el buen ejemplo de los padres.* La hipocresía de los padres engendra toda clase de rebeldía en los hijos. La actitud más sabia es "provocar a nuestros hijos con el ejemplo". Mandar o decir una cosa y hacer otra distinta o hasta contraria, genera una serie de contradicciones internas y nos quita la autoridad moral.

2.- *La corrección irá precedida del hecho de que los padres están haciendo todo lo posible para proveer las necesidades físicas, emocionales y espirituales de sus hijos.* Si no lo hacemos así, ellos no nos respetarán, ni nos amarán. Les provocamos a ira y resentimiento, y estas se manifestarán en su adolescencia y juventud.

3.- *La corrección debe ir precedida de la educación.* Debemos recordar los pasos.

- **Ser ejemplo.**
- **Enseñar.**
- **Exhortar.**
- **Intervenir.**

Debemos enseñar con claridad los valores, principios y normas, y no disciplinar de forma caprichosa, arbitraria, o dependiendo del estado de ánimo; de no hacerlo así, estaremos provocando confusión, temor e inseguridad en el niño.

4.- La corrección será aplicada con amor, y nunca impulsados por la ira.

En este capítulo hemos abordado este tema en detalle.

5.- Debe hacerse por el beneficio del hijo. Cuando perdemos el control, o nos maneja la irritación o la ira, ya no buscamos el bien del hijo. Descargamos nuestra frustración y herimos su autoestima. El uso del miedo, el maltrato, las amenazas... son incorrectos; cómo también lo son la gritería y las palabras ofensivas. Si somos demasiado brutos o violentos con la disciplina, aumentamos y potenciamos la rebeldía. En los casos de exceso por nuestra parte debemos ser capaces de confesar a nuestro hijo nuestro error y pedirle perdón.

6.- La corrección produce seguridad de carácter, madurez, autodisciplina y respeto. El castigo motivado por la ira y el deseo de revancha provoca temor y resentimiento. El niño correctamente disciplinado goza de tranquilidad y confianza. Vive con seguridad porque sabe cuales son los límites que le han sido fijados y conoce las consecuencias de traspasarlos. Con la disciplina el niño aprende a ser responsable en sus acciones, tanto para con sus semejantes como para con Dios.

7.- La corrección debe ser planeada y ejecutada por ambos cónyuges. Nunca deben contradecirse delante de los niños. A veces hace más efecto la corrección aplicada después de un tiempo de reflexión y búsqueda de consenso en la pareja.

8.- *La corrección debe ser justa y sensata.* La reacción del niño es la prueba de que ha sido aplicada de modo correcto y efectivo; la correcta disciplina no exaspera al niño ni le provoca a ira. La Biblia lo recomienda en Colosenses 3 :21 *"Padres, no exasperéis a vuestros hijos, para que no se desalienten"*

9.- *La corrección aumenta la comprensión y la comunicación.* La sabia corrección nunca nos deja confusos o resentidos; siempre produce una mejor comprensión. Es buena una clara muestra de amor después de la corrección, e incluso una palabra de oración. Puesto que la forma de proceder del hijo no sólo nos ofendió a nosotros, sino que también supuso una ofensa para Dios, es bueno que el niño llegue a sentirse perdonado por Dios.

Para concluir este capítulo deseo incluir esta carta que cualquier niño podría haber escrito a todos los padres del mundo.

Me parece interesante incluirla en este cierre, porque resume todo lo que hemos dicho hasta ahora e introduce diversos temas que abordaremos más adelante.

A los más escépticos les resultará poco creíble que un niño llegue a redactar esta carta, pero de lo que podemos estar seguros es que la mayoría de ellos lo desean aunque no sepan expresarlo.

Carta De Un Hijo A Todos Los Padres Del Mundo

Queridos papá y mamá:

Hoy, por fin, me decido a expresaros determinados deseos que tengo en mi corazón desde hace mucho tiempo. Sé que haríais cualquier cosa para que yo fuera feliz; desde que tengo uso de razón os he visto demostrarlo.

La Navidad está cerca y muy pronto me pediréis que haga una lista con lo que quiero recibir la noche de reyes; bueno, en esta ocasión me he adelantado y ya la tengo redactada. Estos son los regalos que deseo en esta Navidad:

• *No me deis todo lo que pido. A veces solo pido para ver cuanto puedo sacar...*

• *No me gritéis. Os respeto menos cuando lo hacéis... además, me enseñáis a gritar a mí también, y yo no quiero hacerlo.*

• *No me deis siempre órdenes. Si en vez de darme órdenes, me pidierais las cosas, yo las haría más rápido y con más alegría.*

• *Cumplid las promesas que me hacéis, sean buenas o malas. Si me prometéis un premio, dádmelo, pero también si es un castigo.*

• *No me comparéis con nadie, especialmente con mis hermanos. Si me hacéis parecer mejor que los demás, alguien va a sufrir, y si me hacéis parecer peor que los demás, seré yo quien sufra.*

• *No cambiéis de opinión con tanta facilidad sobre lo que debo hacer. Decidid y luego mantened esa decisión.*

• *Dejad que me valga por mi mismo con más frecuencia. Si lo hacéis todo por mí, yo nunca podré aprender.*

• *No digáis mentiras delante de mí, y por favor, no me pidáis que las diga por vosotros, aunque sea para sacaros de un apuro. Eso me hace sentir muy mal y me lleva a perder la fe en lo que decís.*

• *Cuando estéis equivocados en algo, admitidlo. Eso hará que crezca la opinión que tengo de vosotros y me enseñará a admitir mis equivocaciones también.*

• *Tratadme con la misma amabilidad con que tratáis a vuestros amigos. Porque seamos familia no significa que no podamos ser amigos también.*

• *No me digáis que haga una cosa que vosotros no hacéis. Me resulta muy fácil aprender y hacer las cosas que vosotros hacéis, aunque no me lo digáis. Pero me es muy difícil hacer lo que decís y no hacéis.*

• *Enseñadme a amar y conocer a Dios. De nada me vale que en la iglesia me enseñen a hacerlo, si yo veo que vosotros ni conocéis ni amáis a Dios.*

• *Cuando os cuente un problema no me digáis: "No tengo tiempo para tonterías" o "eso no tiene importancia". Tratad de comprenderme y ayudarme.*

Si papá y mamá, yo sé que me queréis, y que estáis dispuestos a todo para que yo sea feliz, por eso os pido una última cosa: Ya que me queréis, decídmelo. A mi me gusta oírlo decir, aunque vosotros no lo creáis necesario, decídmelo, por favor.

Yo también os quiero, e intentaré que lo escuchéis más a menudo. Gracias por ser unos buenos padres.

Vuestro hijo.

RECETA

65

PREVINIENDO Y REMEDIANDO LA INDIGESTIÓN.

(Internet, videojuegos, televisión... Abusos y empachos)

"Quienes hablan contra la familia
no saben lo que hacen,
porque no saben lo que deshacen"

Gilbert Keith Chesterton

La sociedad está despertando a la inquietud de las tecnologías. Sus beneficios son innegables, pero también lo son ciertos riesgos que entraña el avance tecnológico.

El día 10 de Octubre del 2006 las televisiones alertaban a la población española acerca de que nueve millones de personas en España son adictas a los videojuegos y a Internet. La adicción les impide relacionarse y hasta dormir; su carácter cambia y su vida social es prácticamente nula.

Por otro lado, cien millones de adolescentes visitando los chats de Internet suponen una inmensa oportunidad, pero también un peligro potencial.

El diario El País, en su edición del 24 de Mayo del 2006, alertaba de lo siguiente:

"Cerca de 800.000 niños y niñas ven la televisión, después de las diez de la noche, fuera del horario protegido (de 6.00 a 22.00). Alrededor de 200.000, más allá de la madrugada. Entre los 4 y 12 años están 864 horas al año ante la pantalla frente a las 960 que pasan en el colegio."

Un estudio posterior, en esta ocasión fechado en Octubre del 2006, advierte de que la tendencia de pasar más tiempo ante la televisión, va en aumento:

"Los españoles de entre cuatro y dieciocho años ven cada día un promedio de tres horas de televisión, lo que supone, según datos del Consejo Audiovisual de Cataluña, entre 1000 y 1500 horas al año. Sin embargo las horas lectivas que cumplen en cada curso académico oscilan entre las 800 y las 960."

En 2005 se vendieron en España cerca de 16 millones de videojuegos y más de dos millones de videoconsolas. Para ayudar a los padres ante este consumo infantil, el Gobierno y RTVE ha difundido un decálogo para el uso responsable de televisión y videojuegos.

Acompañar a los hijos frente al televisor, atender la clasificación por edades, establecer un consumo racional y conocer los videojuegos y los programas que consumen son algunas de las pautas que establece este decálogo. Asimismo, advierte de la relación directa que existe entre el tiempo que pasan ante las pantallas y el sobrepeso.

El decálogo aboga por que se utilice su gran potencial para la formación y el entretenimiento y evitar en lo posible los contenidos perjudiciales.

Uno de los 11 objetivos del primer Plan Estratégico Nacional de Infancia y Adolescencia 2006-2009, consiste en velar por los derechos y protección de los niños en los medios de comunicación y nuevas tecnologías.

En este capítulo abordaremos esos y otros temas que son de candente actualidad entre nuestros hijos y que conviene tener en cuenta para evitar consecuencias negativas.

Navegando a la deriva: virtudes y peligros de internet

Internet está de moda, nadie puede dudarlo, y las previsiones es que en los próximos años afiance su presencia hasta convertirse en una herramienta imprescindible en casi todas las áreas de la vida.

Por descontado que no todo es malo en Internet. Una de las ventajas que nos concede es el acceso rápido y sencillo a los inmensos fondos de las mayores bibliotecas del mundo. Documentarse y conseguir información es algo muy fácil por este medio, pero puede también convertirse en una influencia negativa, especialmente para los pequeños. En Internet existe la libertad de expresión en el grado más alto de la palabra. La pornografía, por ejemplo, es un problema real en Internet. Nuestros hijos pueden tener acceso a información peligrosa e inmoral. Existe información poco recomendable, como pornografía, violencia, sectas… y hasta con contenidos que incitan a la violencia, el racismo, la xenofobia, el terrorismo, la pedofilia, el consumo de drogas, participar en ritos satánicos y sectas ilegales… La globalidad de Internet y las diferentes culturas y legislaciones de los países hacen posible la existencia (al menos temporal, puesto que los cuerpos y fuerzas de seguridad del estado lo persiguen) de esos contenidos en el ciberespacio.

Algunas pautas que los padres pueden seguir para que sus hijos hagan un uso adecuado de internet.

- **Formarse.** Para orientar a nuestros hijos necesitamos contar con unos conocimientos básicos. Si nuestros hijos nos consideran profanos absolutos en lo concerniente a las tecnologías, es probable que no tengan en cuenta ningún consejo que les demos en esa área.

- **Dar buen ejemplo en su uso.** En el ejercicio del ministerio pastoral he tenido la ocasión de tratar con algún joven adicto a la pornografía y cuyo calvario comenzó al descubrir en el escritorio de sus padres soportes informáticos llenos de esa basura. Los padres lo consumían y sus hijos acabaron haciéndolo también.

- **Navegar por Internet con los hijos.** Esto no sólo contribuirá a que nuestros hijos aprendan a discriminar entre lo que es correcto y lo que no lo es, sino que, además, servirá de vínculo de unión entre padres e hijos.

- **Si la edad de los hijos es corta, poner filtros al ordenador**. Los padres pueden hacerse con algunos de los programas que están disponibles y que impedirán que sus hijos puedan acceder a esas páginas de contenidos negativos. Esto es especialmente necesario cuando hablamos de niños pequeños. Si nuestro hijo es un adolescente o un joven, es preferible enseñarle, advertirle y luego darle un voto de confianza. Obviamente, si percibiéramos que no tiene autocontrol, será necesario ayudarle con esos filtros.

- **Enseñar a los hijos que deben ser críticos en la red**. Es necesario hacerles razonar sobre lo que es bueno y malo. En este caso no es suficiente con decirles: "Esto es malo y punto" Debemos explicarles donde radica el problema y ayudarles a elaborar una escala de valores, así como a desarrollar la capacidad crítica ante las opciones que ofrece Internet.

- **Advertir de los riesgos de algunos Chat**. Uno de los peligros de Internet son los "Chat". Un chat es un sistema mediante el cual dos o más personas pueden comunicarse a través de Internet, en tiempo real, por medio de texto, audio y hasta video, sin importar si se encuentran en diferentes ciudades o países. Puedes entablar comunicación con amigos, familiares, compañeros de trabajo e incluso con gente desconocida. Es un medio muy económico porque te conecta con cualquier parte del mundo y no tienes que pagar llamadas de larga distancia.

Chatear es una forma de comunicarse y hacer amigos en Internet, lo cuál no es malo en sí mismo, pero

Receta 05

el anonimato que ampara a cada interlocutor otorga facilidades a cualquiera con malas intenciones. Al entrar al "Chat" se precisa un seudónimo llamado "nick" por el que los demás conocerán a cada interlocutor. Ese seudónimo confiere anonimato a los usuarios.

Debemos vigilar el uso que nuestro hijo hace de eso. Ha sido terrible la proliferación de noticias trágicas que tienen que ver con citas a ciegas entre personas que se conocieron en los Chat. Hay un peligro real cuando niños y niñas establecen contactos por este medio.

Como dije al abrir este capítulo, son más de cien millones los adolescentes que usan con regularidad los chats de Internet. Es necesario concienciarles de que nunca den sus datos personales y hacerles ver que encontrarse físicamente con alguien a quien sólo han conocido virtualmente, tiene muchos riesgos.

- **Marcar un horario de uso y hacer hincapié en que se entre en Internet cuando se tenga un objetivo concreto**. Internet no puede convertirse en el juego de moda al que recurrimos en cada instante en que estamos aburridos. Uno de los peligros de Internet es que fomenta el aislamiento y atenta contra las costumbres de socialización y relación. Es cierto que los jovenes se relacionan virtualmente, pero se pierde el calor del contacto. A medida que Internet se afianza en la sociedad, los parques públicos van quedando más despoblados de niños que juegan.

INDIGESTIÓN POR ADICCIÓN A LOS VIDEOJUEGOS

De diferentes investigaciones analizadas se extrae la conclusión de que el uso de los videojuegos puede ayudar en determinados entrenamientos, tal y como se demuestra en el terreno del tratamiento de los problemas de aprendizaje, la ayuda para resolver problemas, para responder a cuestiones relacionadas con la escuela, las drogas, la familia, aspectos morales, etc. Los videojuegos permiten aumentar la motivación para el aprendizaje de diversas materias como las matemáticas y las ciencias, y el conjunto de las enseñanzas.

Un uso adecuado de los videojuegos será beneficioso, pero su abuso provocará consecuencias negativas.

Hay dos aspectos fundamentales a tener en cuenta:
- La Cantidad De Tiempo Que Los Niños Dedican A Los Videojuegos.
- El Contenido Y Temática De Los Videojuegos.

La cantidad de tiempo que los niños dedican a los videojuegos.

En este punto, uno de los problemas que suele plantearse respecto al uso de los videojuegos es el exceso de tiempo dedicado al mismo. Anne Folke, cofundadora de un grupo de presión para contrarrestar lo que considera los efectos dañinos de los juegos de video, sostiene que los videojuegos cada vez consumen más tiempo de los menores, que además "Están en una forma física mediocre, no comen de forma sana, crecen gordos y sufren de insomnio".

La adicción o lo que en otros términos viene a llamarse ludopatía o patología relacionada con una afición incontrolada por el juego. Pues bien, los usuarios de los

videojuegos desarrollan también una ludopatía específica que, según la Asociación Navarra de ludópatas, afecta a un 5 % de los niños. Según dicha asociación, estos
adictos a los videojuegos corren un riesgo muy grande
de que pasen a ser adultos ludópatas.

Los videojuegos pueden convertirse en una alternativa a los juegos de grupo y fomentar el aislamiento y
la reclusión del niño en su cuarto. Sé que este no es un
asunto demostrado, al menos no podemos hablar de un
problema generalizado, por lo que no cargaré las tintas
en este aspecto, pero estoy convencido de que todo lo
que atente contra la sociabilidad del niño atenta contra
su desarrollo; por esa razón los padres debemos estar
muy atentos a las horas que el niño pasa con los videojuegos y al efecto que ese tiempo tiene en su conducta.
Medir el tiempo que los hijos dedican a jugar con su
videoconsola es vigilar su salud.

Peter Grosch, director general de un grupo de
ayuda a la adicción, de la iglesia evangélica alemana
en Mecklenburg, comenta lo siguiente:

"La videoconsola y el televisor pueden convertirse
en adicción, y con muy negativas consecuencias para
los niños: Baja el rendimiento escolar, dejan de interesarse por tomar contacto con otras personas, no se
interesan por nada."

Por otro lado, un estudio del hospital Charité de Berlín reveló hasta qué punto los videojuegos están presentes
en la vida de los niños. Casi el 70 por ciento de los chicos
y el 44 por ciento de las chicas tienen una videoconsola.
El nueve por ciento revelaba claras indicaciones de que
estaban pasando ante la pantalla más tiempo del conveniente. Los propios niños se daban cuenta de que ocupaban demasiado tiempo ante la videoconsola y que

esto estaba afectando sus relaciones con sus amigos y su familia.

Martin Zobel, sicoterapeuta de Koblenz, expresa su punto de vista con las siguientes palabras: "Esta nueva forma de adicción al juego suele ser a menudo resultado de problemas familiares: No hay niño con un alto consumo de videojuegos sin una razón para ello –Y añade-: Especialmente en peligro se hallan los niños que se sienten descuidados y que carecen de suficiente estímulo o compañía en casa."

La dificultad para combatir este peligro aumenta por el hecho de que muchos padres son malos ejemplos a imitar, puesto que ellos mismos pasan mucho tiempo frente al ordenador o el televisor.

El contenido y temática de los videojuegos

Este aspecto vale la pena mirarlo con más detenimiento. Por descontado que no pretendo ser extremista y sé que existen videojuegos inocuos y hasta constructivos, pero hay otros que no lo son. Por esa razón estimo conveniente y aún necesario que los padres de niños pequeños intervengan en la compra de los videojuegos.

Dentro de los valores y actitudes más impulsados por los videojuegos, destacaré algunos de ellos por su especial interés:

LA COMPETITIVIDAD. Es uno de los ejes de nuestra sociedad y está presente en todos los niveles y todos los ámbitos: en la empresa, el deporte, la familia, etc. Ocupa un papel importantísimo en la infraestructura de los videojuegos, tanto en la competición con otros como en la competición con uno mismo.

SENSUALIDAD Y EROTISMO. La utilización del sexo para conseguir objetivos comerciales tiene también un fuerte eco en los juegos de pantalla. Héroes y heroínas con ropas sugerentes, movimientos sensuales e imágenes mucho más explícitas están presentes en determinados juegos. Entre los superventas de los videojuegos se encuentran los controvertidos Grand Teft Auto San Andreas y Vice City. Los creadores de estos videojuegos (Rockstar Games) han tenido que enfrentarse a juicios de todos tipo. Acusados de fomentar asesinatos y de contener escenas sexuales que no especificaban en la caja del producto; pero estas polémicas no han hecho sino multiplicar sus ventas.

VELOCIDAD. Es otra de las características de nuestra sociedad moderna, que fomenta el impulso de correr más rápido que nadie, al tiempo que parece impotente para reducir las muertes por accidentes de circulación. Numerosos juegos muestran este aspecto competitivo relacionado con la velocidad de coches, motos y otros vehículos.

CONSUMISMO. La iniciación en el mundo de los videojuegos supone un fuerte impulso para el desarrollo de actitudes y comportamientos consumistas, con la compra de aparatos, accesorios, cambios de modas, revistas especializadas, ordenadores, etc.

VIOLENCIA Y AGRESIVIDAD. Me detendré un poco más en este aspecto, porque estoy convencido de que la agresividad que manifiestan los jovenes de hoy en día está directamente relacionada con todo aquello que entra en sus mentes a través de sus ojos y sus oídos. Uno de los nutrientes del

Síndrome de Caín, al que me referí en el capítulo anterior, es la asimilación de la violencia a través de los ojos, pero el grado de asimilación se dispara cuando además podemos interactuar siendo protagonistas y ejecutores de esa violencia. Eso es lo que posibilitan los videojuegos y algunos de ellos contienen una carga extrema de agresividad. Sé de sobra que no todos los videojuegos son malos, pero tampoco son todos buenos y algunos sí que superan el límite de lo negativo y pernicioso. A los padres nos toca establecer el filtro para aquello con lo que jugarán nuestros hijos. Eso es lo que quiero desarrollar en las siguientes líneas.

Los temas violentos son muy frecuentes en los videojuegos, sean en forma fantástica con monstruos, extraterrestres, alienígenas y otros tipos de animales, o en forma humana, basados en guerra, peleas callejeras y diferentes formas de combate. Michael Rich, miembro de la Academia Estadounidense de Pediatría, que ha estudiado los efectos de los medios de entretenimiento en la salud física y mental de los niños sostiene que: "Es preocupante porque los jugadores de vídeo están ensayando guiones de conducta que posiblemente desempeñen en la vida real".

Creo interesante, para comprender el grado de violencia que ofrecen, reproducir parte de los textos que acompañan a la presentación de algunos videojuegos. Los comentarios son tan elocuentes que no requieren ampliación:

Hitman: *Blood Money*	Ni una sonrisa, ni una lágrima. Tampoco una mueca de dolor. Del silenciador de la Beretta salio fuego... Esta noche cobraré el cheque.
Mortal Kombat: *Shaolin Monks*	¡Tu alma es mía! Por todos es conocido el carácter violento de la saga Mortal Kombat.
President Evil: *Deadly Silence*	Are you ready to face the fear again? This time it's bloodier, scarier, and close enough to touch... Resident Evil Deadly Silence.
Doom 3: La Resurrección del Mal	Mucho miedo, Mucho doom
F.E.A.R.	Pasa miedo mientras disparas. Estaréis dispuestos a pasar miedo, a destruir. No intentes disfrutar, simplemente hazlo
Dead or Alive 4	Puñetazos y escotes.
Dynasty Warriors 5	Somete a tus enemigos.
GTA: San Andreas	Hazte respetar. Aterriza en el mundo de los pandilleros y vuelve a la acción. Un juego que volverá a llenar nuestro tiempo libre a base de delinquir.
Bully	Bully es un chico de 15 años llamado Jimmy Hopkins que debe moverse en un internado, completando misiones y ofreciendo flores y dulces a las chicas a cambio de besos. Jimmy también se puede acercar a los chicos y decirles: «Estoy caliente, estás caliente. Hagámoslo».

Shinobido	Hay muchas formas de matar, sobretodo cuando eres un ninja. Experimenta las sensaciones de ser uno de estos extraños guerreros nipones. ¿Rebanar cuellos o ensartar corazones? Decide
Killzone	La venganza es fin en sí misma Nosotros los enviamos a su perdición, luego los abandonamos en lo más profundo del espacio. Ahora ellos están sedientos de venganza y han planeado nuestro exterminio. Los Helgast han vuelto.
Goldeneye Agente Corrupto	Todos tenemos un precio. Si en el MI6 no están dispuestos a aceptarnos en su equipo de agentes especiales, tranquilos, siempre podréis probar suerte siendo un esbirro de algún supervillano. Lo mismo da, que da lo mismo
Flatout 2	Prepara tu coche para lo peor, estas a punto de comenzar tu andadura en el mundo de las carreras más sucias y agresivas jamás vistas. La estética importa poco. Total, vas a destrozar tu coche
Dead or Alive Extreme 2	Un videojuego dispuesto a subir la temperatura de quienes gustan contemplar el cuerpo femenino. Bellas y exuberantes amazonas dejarán de lado los rodillazos y los golpes para lucir palmito…

El tema de la violencia, así como la sensualidad y el erotismo en los videojuegos, es uno de los principales tópicos (muy justificado, como hemos podido comprobar) en la literatura sobre el estudio de los efectos de los videojuegos en la conducta infantil.

Desde el comienzo de la difusión de los videojuegos, en los años 70, se han cruzado acusaciones desde los dos bandos: desde los que alarman de los peligros del uso de los videojuegos hasta quienes afirman que las acusaciones carecen de fundamento. Sin embargo, de entre la literatura al respecto, cabe destacar las voces de alarma de la APA (American Psychological Association), para quien las investigaciones demuestran que existe una correlación evidente entre la práctica de los videojuegos violentos y la conducta agresiva posterior.

También va en esta línea el estudio realizado por Bernard Cesarone (1994) quien afirma que el 71 % de los videojuegos están clasificados en las categorías más altas, 1 a 3, en cuanto al índice de violencia. Por otra parte, de los 47 videojuegos preferidos, 40 de ellos tenían como tema la violencia. Asimismo, según dicha investigación, y contrariamente a lo que indicaban las primeras investigaciones, las más recientes apoyan la tesis de que existe relación entre los niños que juegan videojuegos violentos y sus posteriores conductas agresivas. De igual modo, afirma que 9 de 12 estudios analizados revelan un fuerte impacto de los juegos violentos, que tienen consecuencias perjudiciales.

Pese a todas las críticas suscitadas, los videojuegos calificados como peligrosos no han desaparecido, sino que han recibido mayor impulso. Revisando los textos utilizados en las revistas que promocionan y ofrecen los nuevos juegos podemos encontrar una justificación argumentada de la defensa de los métodos y la ideología violenta contenida en los videojuegos.

A modo de ejemplo veamos algunas de las expresiones utilizadas: "*Lejos de reformarse los programadores, por las críticas recibidas por la violencia que exhibía*

Mortal Kombat y suavizar los combates, lo que han hecho ha sido hacerlos mucho más sangrientos, mostrándonos formas de morir realmente crueles y sorprendentes".

"Si alguien se escandaliza por la sangre que salpica por todas partes mientras dura el combate, que no mire cuando éste finaliza. ...acaban con los miembros y las partes del pobre desgraciado repartidos por toda la pantalla. Esta fué una de las partes más escabrosas de 'Mortal Kombat' que, lejos de atenuarse, se ha mantenido y desarrollado" (Micromanía, nº 2, p. 59)

La empresa que comercializa este juego ha introducido una solución salomónica para hacer frente a las críticas sobre la violencia en sus juegos. Esta solución consiste en permitir al usuario que pueda jugar en la "versión violenta" o en la versión regida por el "código de honor."

"Por tanto, cada jugador es libre de elegir el modo de juego que prefiera. Nadie está obligado a participar en un modo u otro, y, en último caso, tampoco está obligado a comprarse el juego." (Acclaim Entertainment Inc. 1993, p. 36)

Según este texto, se reconocen los posibles efectos negativos del videojuego, pero se traslada al usuario, generalmente niños y adolescentes, la decisión del formato de juego que prefiere: versión violenta o versión de honor. Pero el problema fundamental no se resuelve, porque las personas que tienen que tomar esa decisión son justamente las que más riesgo tienen de ser influenciadas por los efectos negativos de los videojuegos. Tampoco parece un argumento muy sólido el afirmar que, "en último caso, tampoco está obligado a comprarse el juego".

Nos corresponde, por tanto, a los padres tomar la decisión de ayudar a nuestros hijos apoyándoles en la labor de discriminar lo correcto de lo incorrecto, tanto al seleccionar un juego como al dedicar tiempo a jugar. Con respecto a seleccionar el videojuego, la mayoría de los fabricantes usan un código de colores que, impreso en la caja del juego, anuncia el nivel de agresividad del mismo. Este sistema puede ayudarnos a discriminar y evitar sorpresas posteriores.

INDIGESTIÓN POR ABUSO DE LA TELEVISIÓN

"Estamos formando generaciones incapaces de creatividad porque los alimentamos con imágenes que los niños contemplan pasivamente tendidos en el suelo."

J. M. Rodríguez Delgado

El doctor Bernabé Tierno escribe lo siguiente en su libro "SABER EDUCAR":

"En todos los hogares, hasta en las familias más humildes, se ha entronizado el televisor y se le ha dado un lugar de privilegio en la casa. Sobre todo en hogares donde hay más falta de cultura, ha adquirido un carácter mágico, casi sagrado, al convertirse en el oráculo al que escucha con reverencia todo el clan familiar: no se dialoga ni entre los esposos ni entre padres e hijos, porque *es muy entretenido o interesante* lo que se proyecta en la pantalla; los niños no estudian lo que deben, porque se pasan las horas muertas hipnotizados ante el televisor, e incluso algunos se colocan a estudiar delante de él, *por si sale algo importante.* Es fácil suponer el rendimiento intelectual que van a lograr estos jóvenes estudiantes con semejante "método de estudio"… En fin, que *el televisor se ha convertido en un miembro omnipresente de la familia del que no se puede prescindir sin que deje un gran vacío.* ¿Quién no lo ha experimentado cuando ha tenido que esperar a que se lo arreglen?"

Sin duda el doctor Bernabé Tierno pone el dedo en la llaga con verdadero acierto. Un grupo de alumnos de segundo de primaria opinaron sobre usar menos la televisión. He aquí algunas de sus repuestas:

- "Es más fácil hablar cuando está puesta la tele."
- "Cuando se hace silencio te ves obligado a contar lo que piensas y cómo te sientes. Eso me da miedo."
- "Me gusta poner la televisión a todas horas. Te evita silencios embarazosos; no solemos cenar juntos, pero cuando lo hacemos es mejor si la tele está puesta."

Puede que sea el momento de comenzar a establecer las pautas para un uso equilibrado de la televisión. Eso implicará, por ejemplo, dejar de usar el televisor y otros medios como canguros o "baby sister". Una excesiva exposición de un niño a la televisión siempre tendrá resultados nocivos. Psicólogos, pedagogos y educadores coinciden al decir que por cada sesenta minutos de televisión que ve un niño menor de tres años, más posibilidades tiene de ser un niño hiperactivo a partir de los siete.

Parker Page, psicólogo y presidente del centro de educación y recursos televisivos para niños, dice: *"es evidente que los niños que juegan habitualmente con videojuegos violentos, son mucho más agresivos que el resto de niños y desarrollan una insensibilidad ante el dolor y el sufrimiento ajenos. Se insensibilizan ante la violencia, como los niños adictos a la televisión."*

Cuidar la higiene mental de los niños es una obligación moral de todos, pero especialmente de los padres. Hay alimentos que un niño no puede digerir porque dañarían su estómago. Del mismo modo hay ciertos productos televisivos absolutamente nocivos para la mente de un niño y que constituyen una verdadera amenaza para su correcto funcionamiento psíquico. Una forma de prevención es que los padres hagan una cuidadosa selección del material audiovisual que los niños hayan de ver.

Según Frank Lindblad, psiquiatra infantil en el Instituto Karolinska: "Está demostrado más allá de cualquier disputa que la gente que mira mucha violencia en televisión desarrolla una conducta agresiva, y tienen un riesgo muy elevado de conducta criminal. La frontera entre la realidad virtual y el mundo real se convierte en difusa, y eso es algo peligroso."

Por su parte el Dr. Brandon Centerwall escribió en su obra "Televisión y violencia" *"Si un niño ve 25 horas de televisión semanales, visualiza doce mil actos violentos; oye catorce mil referencias al sexo y ve mil violaciones, asesinatos y robos. Su visión del mundo, sus actitudes y su conducta se ven seriamente afectadas."*

Diversas asociaciones de telespectadores coinciden en que un niño europeo en edad escolar ve en una semana 67 homicidios, 15 secuestros, 848 peleas, 420 tiroteos, 30 casos de torturas, 18 de drogas y otra serie de emisiones eróticas. En 1993, las televisiones privadas y públicas se comprometieron a firmar un convenio con las autoridades educativas estatales con el fin de establecer un marco de conducta para proteger a la infancia y la juventud. En el momento actual, año 2006, por más que los diferentes estamentos hablan de protección al menor y de horarios protegidos, a casi todas horas se introducen determinados programas que distan de ser inofensivos y mucho menos constructivos.

El psicólogo Albert Bandura de la universidad de Stanford hizo la siguiente reflexión: *"Si tuviéramos que adquirir un paquete de modelos psicológicos para nuestros hijos y luego administrárselos en pequeñas dosis… ¿Elegiríamos a sádicos, psicópatas, pistoleros y payasos de tres al cuarto? Tales modelos son los que se pasean por nuestra casa y se erigen en referentes para nuestros hijos. El resultado es que la juventud de hoy crece con una sobredosis de agresividad y violencia"*

Hoy día, en casi todos los hogares españoles es posible un acceso fácil y gratuito a canales de televisión que exhiben sexo, drogas y violencia absolutamente explicita. He tenido la oportunidad de tratar con adolescentes que acudían a su televisión en las horas de la madrugada para ver películas de ese tipo. Sus palabras fueron "estoy enganchado. No duermo por las noches para ver la televisión mientras mis padres duermen." Esos canales deben ser descodificados y haríamos muy bien en establecer filtros para impedir su codificación.

Me resultó muy gráfico el testimonio de una madre quien comprobó que el silencio que había en el salón, durante el cumpleaños de su hija de nueve años, era debido a que ella y sus amigas estaban viendo una película pornográfica a medianoche, en televisión.

Los padres tenemos la máxima responsabilidad sobre la integridad moral y psíquica de nuestros hijos. Aparte de medidas restrictivas sobre aquello que sabemos que es evidentemente dañino, a los padres y educadores nos corresponde "enseñar a mirar", "educar para ver la televisión" y estimular la actitud crítica de nuestros hijos, enseñándoles a discernir entre lo conveniente y lo inconveniente.

Una psicóloga de la universidad de Columbia descubrió una ciudad aislada de Canadá, adonde iba a llegar la televisión por vez primera. Pensó que era una gran oportunidad de estudiar las modificaciones en el comportamiento, antes y después de la televisión. Analizó a los niños en edad escolar y luego regresó al cabo de dos años. Sus conclusiones fueron estas:

- Un aumento significativo en la agresividad verbal y física.
- Insensibilización ante el dolor y sufrimiento ajenos

- Miedo del mundo que les rodea.
- Distanciamiento de sus semejantes.

Sirva aquí la reflexión que hizo Hillary Clinton: *"Muchos niños sufren depresiones y pesadillas a causa del exceso de sangre que ven por televisión"*

La televisión no es mala en si misma. Ninguna de las opciones que nos ofrece la tecnología de vanguardia lo son. Numerosos pedagogos han investigado a fondo las posibilidades didácticas de la televisión y muchos profesores la usan como medio alternativo a sus clases. Y es que son varios e importantes los aspectos positivos de la televisión. Sólo es necesario un control serio en su uso, para evitar, a toda costa, su abuso. Cualquiera de esos medios podrá ser una herramienta de construcción o un instrumento de destrucción. Depende, en gran medida, de que los padres asumamos el papel que nos corresponde como educadores y protectores de nuestra familia.

Pero nada debería tomar el lugar de la conversación y comunicación íntima en el hogar. Cerraré este capítulo con el sabio consejo de Albert Einstein: *"Si quieres que tus hijos sean brillantes, cuéntales cuentos; si quieres que sean muy brillantes, cuéntales más cuentos"*

RECETA 6

La palabra "NO" es una inyección de vitaminas.

"Las paredes oyen; oyen todo.
Las voces perdidas y muertas
resucitarán un día y formarán un coro,
un coro inmenso que llene el infinito.
¡Habla y enseña, aunque no te oigan!"

Miguel de Unamuno

Cuando el "sí" es una constante

Javier Urra cuenta lo siguiente en su libro *Escuela práctica de Padres*: *"Un día, en el programa de Radio Exterior de España Niños Del Mundo pidieron a seis jóvenes que dijeran algunas razones para ser felices.*

Los muchachos callaron durante 30 largos segundos; al final uno dijo: Si empezamos con preguntas tan difíciles…

Junto a ellos estaba Diego, un muchacho de 16 años, que había pasado sus primeros 15 en el Hospital del Niño Jesús, en Madrid, pues está afectado de fibrosis quística. Al cumplir los quince años se le han trasplantado los dos pulmones. En este momento se le ha nombrado Payaso del Hospital, pues pasaba varias tardes a la semana haciendo reír a los demás pacientes. Al ser preguntado por ¿razones para ser feliz? Contestó: Ayer conseguí subir treinta y seis escalones sin cansarme."

¡Que buena respuesta la de Diego! Pero ante actitudes como las que adoptaron el resto de invitados que había en el programa, no podemos sino pensar que algo hemos robado (sin querer) a nuestros jóvenes, cuando no saben decir razones para ser felices.

Tengo una sospecha que, cada vez más, toma el peso de convicción, y es la de que su dificultad para ser felices tiene que ver con su dificultad para entusiasmarse con algo. En muchas ocasiones la culpa la tiene un exceso de facilidades para conseguirlo todo. Cuando algo nos cuesta y lo conseguimos lo apreciamos mucho, cuanto más nos cuesta más lo apreciamos. No ocurre lo mismo con aquello que nos llega sin apenas esfuerzo.

Decir "Sí" con demasiada facilidad a cualquier requerimiento de nuestros hijos, va contra ellos y contra nosotros. De nuevo en este caso, la culpa suele estar en esa actitud que a veces adoptamos los padres de *"debe tener todo lo que yo no pude tener de pequeño"*

Hay un episodio que llevo grabado en mi memoria: se trata del momento en el que decidí comprar una bicicleta a mi hija. De niño llegué a desear, casi con ansia, tener una bicicleta, pero ésta tardó en llegar; no por negligencia o desinterés de mis padres, sino por absoluta imposibilidad económica. La mayoría de mis amigos conducían sus bicicletas mientras yo corría tras ellos, así que cuando por fin llegó la abracé y casi dormí con ella.

Determiné que no quería que mi hija esperara tanto, así que nos adelantamos a su requerimiento y antes de que ella lo solicitara le compramos una bicicleta para Navidad.

La noche de reyes mi esposa y yo pasamos mucho tiempo colocando esa bicicleta en el salón de casa. Poníamos la dichosa bici primero en un lado y luego en otro, buscando la imagen de mayor impacto, de modo que nuestra hija, al entrar al salón por la mañana, pudiera encontrarse de lleno con aquella bicicleta, cuyo metal desprendía brillos.

Por la mañana nuestra hija entró al salón, observó la bicicleta y la rodeó con insultante indiferencia, buscando algún otro regalo detrás de ella.

Su papá y su mamá (es decir, nosotros) se vieron con el presupuesto del mes bastante maltrecho y las emociones un poquito dañadas, mientras que la niña se quedó decepcionada.

Ella no necesitaba todavía una bicicleta. Era un regalo demasiado grande para unas manitas pequeñas que aun deseaban jugar con muñecas. Podríamos habernos ahorrado mucho dinero y ella habría quedado más contenta.

Adelantarnos a sus pretensiones puede ser negativo. Ceder a la primera les impedirá apreciar el justo valor de las cosas. No siempre es conveniente decir "SI" al primer requerimiento.

"GOLPE DE ESTADO" O CUANDO EL HIJO USURPA EL TRONO

Como apuntamos en la Receta número tres al hablar del autoritarismo y de la ira, los tiempos han cambiado desde la época de nuestros abuelos, y también ha experimentado un cambio notable la forma de educar a nuestros hijos. Se ha abandonado ese modelo educativo de corte casi militar que caracterizó a épocas pasadas; sin embargo en muchos casos se ha producido el fenómeno conocido como "efecto péndulo", mediante el que de un extremo se pasa al otro, y en lo concerniente a la educación hemos logrado pasar precipitadamente de un estilo de educación casi tiránico a un modelo en el que prevalece la permisividad y donde la autoridad de los padres, necesaria y sana en su justa medida, brilla por su ausencia o se manifiesta en muy raras ocasiones. Es un hecho comprobado que la relación "dominante/dominado" de antaño se vuelve a dar en muchos hogares, la diferencia es que el papel dominador lo tienen ahora los hijos, mientras que los dominados son los padres.

Es necesario que seamos conscientes de un hecho ciertísimo: cuando dejamos de ejercer la autoridad paterna estamos dando la espalda a determinadas necesidades básicas que tienen nuestros hijos. Por ejemplo, si el niño es más fuerte que los padres nunca se sentirá protegido por ellos.

El estudio "Padre e hijos en la España actual", al que ya hemos recurrido anteriormente, arroja la siguiente conclusión: "Tienen quince años y ya tienen claro que sus padres no mandan en casa." Hay pararse a pensarlo.

La idea de esclavitud no siempre tiene que relacionarse con cadenas, grilletes o látigos. Existen formas de esclavitud mucho más sutiles.

Cuando alguien nos manipula para conseguir de nosotros todo aquello que quiere o para lograr que satisfagamos todos sus deseos y caprichos… nos tiene esclavizados. ¿Qué ocurre en muchos –en demasiados- hogares? Hay padres esclavizados porque han asumido un concepto erróneo de lo que es servir a un hijo y cubrir sus necesidades.

Ese concepto erróneo de "satisfacer necesidades" ha elevado a muchos hijos al sillón de mando del hogar, mientras que los padres han sido relegados a una posición de servilismo que en nada se parece al papel que les corresponde a unos y a otros.

La diferencia entre "servir a nuestro hijo" y "ser sirviente de nuestro hijo" es inmensa. Servir a nuestro hijo consiste en cumplir con determinadas responsabilidades y obligaciones inherentes a nuestro papel de padres. Ser sirvientes de nuestro hijo significa convertirnos en esclavos de él. Una delgada línea separa nuestro deber como padres de la servidumbre paterna. La servidumbre prevalecerá si los padres se dejan explotar de un modo exagerado por el hijo.

Cubrir las necesidades de nuestro hijo es muy diferente de cubrir sus caprichos. Cuando no sabemos distinguir entre lo que es necesidad y lo que es capricho, nos sentiremos en la obligación de llenar cualquier requerimiento que el niño nos haga y eso originará un terrible daño en los padres y también en los hijos, convirtiendo a éste último en un ser malcriado y caprichoso que se echará a perder.

Me parece relevante el artículo aparecido en el diario EL PAIS en su edición del 20 de junio de 2006:

Síndrome del emperador: pequeños tiranos que maltratan a los padres

Los niños tiranos tienen dificultades para sentir culpa y mostrar empatía. Niños que desde pequeños insultan a los padres y aprenden a controlarlos con sus exigencias. Cuando crecen, los casos más graves pueden llegar a la agresión física. Los psicólogos recomiendan a los padres poner límites a sus hijos desde bebés.

Pero, ¿por qué un niño es capaz de agredir a unos padres que no son negligentes? El elemento esencial del síndrome del emperador es la ausencia de conciencia.

¿QUÉ PRODUCE ESTE SÍNDROME?

Según Vicente Garrido, psicólogo criminalista y profesor titular de la Universidad de Valencia, son niños que genéticamente tienen mayor dificultad para percibir las emociones morales. Como consiguiente, hay una ausencia de conciencia.

Javier Urra, psicólogo de la Fiscalía de Menores del Tribunal Superior de Justicia de Madrid, discrepa de las tesis de Garrido, ya que para Él, la herencia marca tendencia, pero lo que cambia el ser humano es totalmente la educación, sobre todo en los primeros años.

El factor clave a tener en cuenta es, según Garrido, si aparecen o no rasgos de personalidad psicopática, básicamente insensibilidad emocional, falta de conciencia, falta de empatía y ausencia de culpa.

Según Javier Urra, si tienes un niño pequeño que hace lo que quiere, que a los dos años no ayuda a recoger los juguetes, que jamás se pone en lugar del otro, y la madre es una bayeta que sirve para ir detrás de él y eso no se frena, cuando tiene 16 o 17 años se desborda.

La personalidad es difícil de cambiar, pero no el autocontrol. Lo que se puede cambiar es la conducta.

Miguel Ángel Soria Verde, psicólogo forense y profesor del Departamento de Psicología Social de la Universidad de Barcelona, indica que sólo hay patología mental en el 10% de este tipo de agresiones. La mayoría de los llamados niños tiranos han sido criados sin límites familiares ni sociales. Asegura que cuando un niño agrede, es porque busca una sensación de poder y dominio, no la violencia por sí misma.

> *Garrido discrepa en parte. Afirma que uno no puede hacer lo que quiera con sus hijos, cada niño tiene su temperamento, sus peculiaridades y sus cualidades: la educación no lo es todo.*

El artículo es suficientemente explícito y no requiere demasiada ampliación. La pregunta que surge inevitablemente es ¿Cuánto de culpa tiene la familia y el proceso educativo que hayan aplicado, y qué porcentaje de esa culpa es imputable al cerebro del niño? Es muy difícil dar una respuesta con rigor. No todo está claro y hay determinados aspectos que son una incógnita. Pero, a la vez, a la luz de las reflexiones de los doctores Urra y Garrido, podemos extraer algunas conclusiones firmes sobre las causas del Síndrome del Emperador:

- Los niños con Síndrome Del Emperador nunca recibieron un "NO" por respuesta. Han tenido todo lo que han querido y nadie ha puesto límites a sus deseos. Por esa razón estos niños jamás se ponen en lugar del otro y se sienten reyes de todo. El mundo, pero sobre todo sus padres, son de su dominio y les pertenecen.
- Suelen pasar mucho tiempo solos. O son hijos únicos, o los hermanos ya volaron del nido familiar. A veces, el trabajo absorbe gran parte del tiempo de los padres y el pequeño crece sin apenas comunicación con ellos. Los padres, sin quererlo, se pierden los primeros años de la vida del niño, que son los más importantes en la educación, y dejan en manos de otras personas, o de la televisión, la educación de sus hijos.
- Nunca pasaron por un "mal rato". Ningún profesor les pone un cero y nadie les riñe si sus juguetes están siempre tirados y no ayudan a recogerlos.

• Con frecuencia estos niños crecen con familias inestables, en las que falta la comunicación, afecto y experiencias en común.

Hemos hecho un análisis, aunque ciertamente superficial, del mal que aqueja a estos muchachos, y también conocemos algunas de las causas que propician el Síndrome del Emperador. Pero hablemos ahora de soluciones. ¿Hay algo que podamos hacer para recuperar al niño que lo padece? Desde luego que sí.

Hay un camino que podemos y debemos recorrer para recuperar la autoridad perdida. No olvidemos que lo único que el niño hizo fue ocupar el lugar que encontró vacío: el de la autoridad. Un lugar y posición que no le pertenecen, pero que tomaron porque estaba vacante. Es, por tanto, responsabilidad de los padres, recuperar el lugar que nunca debieron abandonar. Para ello hay determinadas posiciones que hemos de adoptar:

• Volver a ganar el espacio que el niño nos ha robado. No permitirle que ejerza su voz de mando.
• Desarrollar en el niño la conciencia y el sentimiento de culpa.
• Ejercer la autoridad en todo momento. Hacerlo con firmeza y determinación.
• Establecer límites que han de guiar la convivencia y el crecimiento del niño.
• Enseñarle el valor del altruismo y la generosidad.

Si no se hace esto, puede llegar el día, tal vez en plena adolescencia, en el que acabe agrediendo a cualquiera por la simple razón de que se le ha negado algo. ¿Resulta exagerado? Lea con atención el siguiente extracto que forma parte del artículo del diario El PAIS, citado anteriormente:

De 23 denuncias a 216

El promedio de casos de hijos violentos se ha multiplicado por ocho.

La madre es la víctima en el 87% de las ocasiones y principalmente recibe agresiones, en el 13,8% de los casos se añade la intimidación con un cuchillo. En el 55% de los casos, las causas de las agresiones se deben al hecho de no aceptar la autoridad y no cumplir las normas; en un 17%, por exigir dinero.

Por otra parte el diario "Qué" en su edición del 9 de Octubre del 2006 lanza una voz de alarma con el siguiente titular: "LA VIOLENCIA JUVENIL SE DESATA" y luego matiza con letra más pequeña *"La violencia juvenil no ha parado de crecer. España registra un constante incremento de episodios protagonizados por jóvenes violentos, mientras que expertos y educadores advierten de que el mejor antídoto está en casa."*

No tengo la menor duda de que, efectivamente, el antídoto para esta plaga de violencia se encuentra en el hogar, del mismo modo que, la principal causa del problema, también se encuentra en casa.

El profesor de Psicología del Centro Universitario Cardenal Cisneros, adscrito a la Complutense, hace unas reflexiones sobre lo que llama: Los hijos de la generación permisiva. El profesor Márquez relaciona la violencia juvenil con padres permisivos, para los que la norma es mala. *"Los niños piden normas –* dice el doctor Márquez – *Hay que educar con caricias y con normas. Poner límites no es ser dictatoriales."*

*"La generación actual es "difícil" –*añade-, *pero los nuevos padres se han dado cuenta de que hemos generado monstruos. Se ha vivido una etapa en la que la familia casi no educaba, no ha transmitido marcos de referencia claros, y ahora empieza a darse cuenta del error"*

Reproducimos a continuación el Perfil De Los Jóvenes Violentos, de acuerdo al estudio de profesor Ángel Márquez. Según ese estudio las siguientes son las características comunes de esos jóvenes:

- **Jóvenes frustrados**: Sin perspectivas sociales, que no han tenido normas o que han vivido con un exceso de protección.
- **Incapaces de esforzarse por nada**: Nunca tuvieron necesidad de esforzarse porque les dieron todo hecho.
- **Con falta de autoestima**: Tienen pocos éxitos vinculados a su esfuerzo.
- **Necesitan entregarse a la seguridad de la norma**: En sus casas no las hubo pero en las bandas o movimientos violentos las hay.
- **Tímidos y con pocas habilidades sociales**: Esas pocas habilidades acaban desarrollándolas en la banda.

Únicamente destacaré la importancia de poner límites desde bebés y educarles en el respeto, para evitar situaciones tan graves como las mencionadas.

¿Por qué es tan difícil decir "NO"?

Pensamos que la palabra "NO" es un veneno mortífero para el alma de nuestros hijos, pero el "no", lejos de ser un desencadenante de traumas, es algo que ayuda a crecer.

A muchos padres les embarga un fuerte sentimiento de culpa al negar algo a sus hijos. Queremos ser sus amigos. Deseamos que nos quieran y tememos que una negativa nuestra provoque en ellos resentimiento y enfríe su cariño hacia nosotros. Pero todos los padres debemos entender que decir "no" a nuestros hijos no tiene nada que ver con una actitud tiránica e intransigente, sino con un deseo de educar de manera sana y eficaz. Al final nuestros hijos lo entienden y agradecen.

Es imposible educar sin intervenir. El niño, cuando nace, no tiene conciencia de lo que es bueno ni de lo que es malo. No sabe si se puede rayar en las paredes o no. Los adultos somos los que hemos de decirle lo que está bien y lo que está mal. Dejar que se ponga de pie encima del sofá porque es pequeño, por miedo a frustrarlo o por comodidad, es el principio de una mala educación.

El efecto de esa condescendencia equivocada es totalmente negativo; un hijo que hace "fechorías" y al que su padre no corrige, piensa que es porque su padre ni lo estima ni lo valora.

No decir nunca "no" a nuestro hijo es obligarle a crecer sin señales indicativas de dónde están los límites. Sería algo equiparable a una red de carreteras sin señales de circulación.

Cuando el niño crece sin escuchar expresiones como "Eso no debes hacerlo" o "Aquello que quieres hacer es incorrecto", le estamos abocando a que descubra las consecuencias de sus actos por su propia experiencia, es decir, a base de golpes. Sería algo parecido a introducir a nuestro hijo en una habitación oscura, con los ojos vendados y dejarle allí dentro, sentado en una silla. Cuando el muchacho se levante y comience a caminar sin ver, se golpeará con los muebles de la habitación y con las paredes que delimitan la estancia. De ese modo irá descubriendo los obstáculos y los límites, pero lo hará a fuerza de golpes. Así es cuando los niños no reciben una instrucción de parte de sus padres y carecen de negativas en su educación.

Al detallarles cuales son los límites y al decirles "NO" a las cosas inconvenientes, estamos introduciendo luz en la estancia oscura.

Decir "NO" fija límites y define principios. Una negativa firme no tiene por qué expresarse en un grito. El "NO" puede y debe transmitirse con calma y serenidad, pero con firmeza. Eso evita amenazas e ira y prevendrá golpes y heridas en la vida de nuestros hijos. Como padres debemos decir "NO", sabiendo que la salud y la seguridad de nuestro hijo están en riesgo, por eso, cuando usemos la palabra debe ser con convencimiento, seguridad, firmeza y respeto.

"Educar es estimar", decía Alexander Galí. El amor hace que las técnicas no conviertan la relación en algo frío, rígido e inflexible y, por lo tanto, superficial y sin valor a largo plazo.

Pero el amor implica, también, tomar decisiones que a veces son dolorosas a corto plazo, para los padres y para los hijos, pero que después son valoradas de tal manera que dejan un buen sabor de boca y un gran beneficio en los hijos y en los padres.

CONSECUENCIAS DE NUNCA DECIR "NO"

Cuando a los padres les cuesta decir "no" se producen determinadas consecuencias entre las que se cuentan las siguientes:
- Los niños tendrán una escasa consideración por todo cuanto hagamos por ellos.
- Se produce una falta de respeto.
- Se convierten en unos expertos en manipular a los padres.
- Suelen volverse caprichosos.
- Arrebatos de violencia verbal o física, cuando no satisfacemos sus caprichos.
- Una tendencia hacia el egoísmo y la indiferencia.
- Desobediencia e indisciplina.

¿Demasiado blandos? ¿Demasiado buenos? ¿Miedo a ser demasiado estrictos? ¿Afán de ganarse el cariño del niño? No importa cuales sean las razones, el niño descubre enseguida que tiene la sartén por el mango y se provocan las reacciones mencionadas. Una palabra tan breve y sencilla como "no" permite establecer la dosis correcta de autoridad para atenuar o disipar por completo esas actitudes.

BENEFICIOS DE SABER USAR LA PALABRA "NO"

Si sabemos decirle que no a nuestro hijo lograremos:

- Que se de cuenta de que las cosas no le caen del cielo. Nada es gratuito. Todo tiene un precio y ese precio hay que pagarlo, sea en dinero, en tiempo o en esfuerzo.
- Que aprecie aquello que hacemos por él.
- Que comprenda el valor del dinero y el precio de las cosas.
- Que se entusiasme con aquello que le damos.
- Que tenga en cuenta aquello que hacemos por él.

Y el que, probablemente, sea el beneficio más importante: estaremos enseñando a nuestro hijo a renunciar a sus deseos, y esto le preparará para otras situaciones parecidas que la vida le va a deparar. Le estamos ayudando a aprender a tolerar y superar la frustración y a no quedarse anclado en la depresión.

Tan importante es decir "no" como "saber decirlo". Me refiero a explicar a mi hijo la razón de mi negativa. No es conveniente el "No, porque lo digo yo y punto…" Las explicaciones ayudan al niño a comprender las verdaderas razones por las cuales los padres les dicen "no". De este modo les resulta mucho más fácil aceptar la autoridad y entender que sus padres se mueven en base a razones lógicas y valores sensatos. La ausencia de explicaciones puede llevar al niño a interpretar la negativa como una restricción injusta, impuesta sin razón aparente por sus padres. Un niño al que se le dan razones válidas aprenderá que nadie puede hacer o tener todo lo que quiera en cualquier momento.

Pongamos un ejemplo: un padre le dice a su niño pequeño que no debe cruzar la calle sin mirar. A determinada edad los niños no están aún preparados para comprender el riesgo que implica cruzar una calle. Si su padre se toma la molestia de explicarle los motivos, el niño comprenderá de inmediato y será consciente de los riesgos; a partir de ese momento actuará teniéndolos en cuenta. El "no" sin explicaciones reprime una conducta, pero el "no" dialogado y explicado forma un carácter y contribuye a la creación de hábitos positivos.

EL "NO" DEBE SER INNEGOCIABLE

Ceder después de decir no, o dar marcha atrás después de haber prometido un castigo, tiene efectos nefastos en la educación. Una vez que usted se ha decidido a actuar, la primera regla de oro a respetar es la del "no". El "no" es innegociable pero por desgracia, decir "no" y luego volverse atrás es el error más frecuente y que más daño hace a los niños. Cuando usted vaya a decir "no" a su hijo, piénselo bien, porque no hay marcha atrás. Si usted le ha dicho a su hijo que hoy no verá la televisión, porque ayer estuvo más tiempo del que debía y no hizo los deberes, su hijo no puede ver la televisión aunque le pida de rodillas y con cara suplicante, llena de pena, otra oportunidad. Hay niños tan entrenados en esta parodia que podrían enseñar mucho a las estrellas del cine y del teatro. En cambio, el "sí", si se puede negociar. Si usted piensa que el niño puede ver la televisión esa tarde, negocie con él qué programa y cuanto tiempo.

Mencionaré, entre muchas, dos situaciones típicas de nuestro tiempo, frente a las que los padres tenemos serias dificultades para decir "no":

• EL "NO" FRENTE A LAS SALIDAS NOCTURNAS.

Consultadas estadísticas fiables, se concluye que el 10 por ciento de los jóvenes pasa toda la noche fuera del hogar, y un 45 por ciento regresa a casa pasadas las cuatro de la mañana. Un despropósito que no se da en otros países.

Hay jóvenes que no conviven con los adultos en el fin de semana; unos se acuestan cuando los otros se levantan.

Personalmente me siento identificado con las palabras de Miguel de la Cuadra-Salcedo: *"Hay que acostarse cuando se va el sol y levantarse cuando sale. No hay que caer en la costumbre, como les sucede a muchos de nuestros jóvenes, de trasnochar hasta las seis de la mañana. Eso es grave para la familia, especialmente para los más pequeños, que ven como su hermano mayor, de 15 ó 16 años, viene a las cinco de la mañana."*

Es muy preocupante el éxito de asistencia a las discotecas que abren a las ocho de la mañana, tomando el relevo de las que cierran a esas horas. La ingesta de alcohol en salidas nocturnas, el botellón por ejemplo, entraña más riesgos del que muchos jovenes se imaginan. Un coma etílico destruye más neuronas (células cerebrales) que un infarto cerebral. El alcohol es tremendamente agresivo para el cerebro.

Una de las que, probablemente, son las cargas más intolerables que algunos padres soportan los fines de semana, tiene que ver con las horas a las que sus hijos llegan a casa por la noche. El fin de semana, que debería ser un tiempo de expansión y descanso, puede llegar a convertirse en un verdadero infierno cuando el sábado por la noche se espera con ansiedad el ruido de las llaves en la cerradura para dar entrada a nuestro hijo.

Soy consciente de que se trata de un problema de difícil solución, pero vayan aquí algunos consejos que considero importantes:

1. Hay que saber dónde está el hijo y con quién, lo que piensa hacer y la hora en que debe volver a casa. Si él realiza algún cambio deberá decirlo. Es un contrato claro e indiscutible que implica una confianza mutua.
2. Conviene tener anotados los teléfonos móviles de los amigos con los que estará nuestro hijo.
3. Aunque sea independiente respecto al transporte y gane él mismo su dinero para salir, eso no disminuye nuestra responsabilidad como padres ni tampoco ante la ley, ni limita la autoridad sobre el adolescente.

• EL "NO" FRENTE A SU PEREZA PARA ESTUDIAR.

Recurriendo de nuevo al estudio "Padres e hijos en la España actual" efectuado por la Fundación La Caixa, obtenemos los siguientes datos:

Sólo un 45% de los padres vigila que los niños hagan los deberes todos los días. El 37% no los vigila nunca, el 11% de vez en cuando, mientras que el 2% sólo está pendiente de ellos cuando el niño suspende.

Los padres tenemos la responsabilidad de supervisar a nuestro hijo, ayudándole y motivándole en sus estudios, pero estudiar es la responsabilidad del hijo.

El doctor Bernabé Tierno recomienda: "Es bueno estudiar junto a ellos y es magnífico estudiar con ellos, pero lo que resulta un fraude y a larga es pernicioso, es estudiar por ellos (hacerles las tareas). Ayuda sí, sustitución no."

La mayoría de educadores coincide en que, aunque parezca mentira, no se les hace ningún favor al sentarnos con ellos a hacer los deberes; sólo hay que supervisarles una vez terminados.

El Instituto de Evaluación y Asesoramiento Académico (IDEA), afirma que "lo que más importancia se le da ahora es a la nota final que el muchacho saque en matemáticas o en lengua" y consideran que "es un error". La conclusión de IDEA es que "la familia no se preocupa por el rendimiento académico del niño."

Ni tanto ni tan calvo, como reza el dicho popular. La virtud está en el término medio. Desde el momento en que en el colegio le impongan tareas al niño, éste debe enfrentarse a ellas y los padres debemos velar para que las hagan, apoyándoles cuando fuere necesario, pero sin hacer nosotros lo que les corresponde hacer a ellos.

Los niños, al igual que tienen que estudiar, deben dormir suficiente y disfrutar de su tiempo de ocio. No puede ser que, quitando las horas de sueño, el resto las pasen delante de un libro. Sin embargo, realizar algunas tareas extraescolares en casa es necesario para ampliar conocimientos, leer, obtener datos, trabajar en grupo. Y sirve para que los padres de forma "ligera" comprueben la evolución del hijo.

Hay otras muchas áreas y caballos de batalla para los padres. Ojala que las reflexiones que hemos compartido sirvan para establecer principios aplicables a la situación particular que cada padre vive. Todo el arte de la pedagogía consiste en saber sonreír y en decir NO a los hijos en el momento preciso y de la manera adecuada.

RECETA

PREMIOS Y CASTIGOS: Golosinas y antibióticos de la educación.

"Una autoridad débil no da libertad,
sino desconcierto.
Una autoridad que grita, desconcierta o
atemoriza; pero tampoco educa"

P. González Blasco

Los premios y los castigos, ¿son educativos?

Los premios y los castigos son un tipo de motivación muy imperfecta; realmente consisten en una forma de incentivación. Se trata de un estímulo externo que se utiliza al faltar la incitación personal. Los premios y los castigos deben emplearse como medios para promover la auténtica motivación cuando esta falta, y hacerse cada vez menos frecuentes, sin que lleguen a desaparecer del todo.

Por ejemplo, al estudiante que no le gusta estudiar se le estimula mediante algún incentivo, sea un premio o un castigo, pero esto se hace hasta que sea capaz de estudiar por un deseo propio de aprender y no por temor al castigo o por el acicate de alcanzar una recompensa.

Estoy convencido de que los premios y los castigos más que educar adiestran, por eso deben aplicarse sólo en caso de necesidad y con la tendencia de ser cada vez menos necesarios. Un muchacho que, para conseguir sus metas, necesita que le incentiven constantemente con premios o castigos, se moverá siempre a impulsos artificiales y permanecerá anclado en una mentalidad infantil.

LOS PREMIOS DEBEN USARSE MÁS QUE LOS CASTIGOS

Lo que no podemos negar es que los niños que con frecuencia son elogiados mantienen un progreso más positivo que aquellos que constantemente se ven censurados y reprochados. El elogio es un reforzador de conductas positivas muy poderoso. Está demostrado que si un niño recibe refuerzos en abundancia, se siente querido, crece con confianza en si mismo, aumenta su autoestima y se desarrolla con normalidad.

El estímulo es más eficaz que la represión. A veces ésta será inevitable, pero su eficacia será mayor si el hijo está acostumbrado a que se le reconozca la obra bien realizada, y se le aplauda el esfuerzo, aunque no siempre estos esfuerzos hayan sido coronados por el éxito. Todo el mundo queda agradecido a quien sinceramente le anima. Un elogio correcto, justo, oportuno, estimula y educa para el bien.

Este refuerzo positivo puede consistir en una felicitación por un logro obtenido o un regalo de otro tipo.

DISTINTOS TIPOS DE PREMIOS:

- **Premios Pactados.** Son aquellas recompensas que hemos acordado con nuestros hijos a cambio de una conducta adecuada o de un trabajo bien acabado. El deseo de conseguirlas motivará al niño para trabajar en la dirección correcta.
- **Premios Imprevistos**. Son aquellos que le entregamos sin previo aviso como reconocimiento a una conducta deseable. Puede producir efecto en la persona que lo recibe y en las que lo observan. Ambos relacionan las conductas deseables con la recompensa.
- **Premios Por Entregas.** Son los que mantienen el interés más vivo, al concederse puntos o vales acumulables cuando se producen pequeños logros. Al alcanzar una cierta cantidad, se logra el premio. Este tipo de premio es, sin embargo, el que mayor peligro encierra. Una madre acostumbraba a incentivar a su hijo con este tipo de premio, hasta que

un día le pidió que hiciera algo y el niño se negó a hacerlo si no era a cambio de un vale por valor de cinco puntos. Esta actitud la puso en guardia y corrigió de inmediato su sistema de incentivos.

PREMIOS DE DISTINTO CONTENIDO.

- **De Base Afectiva.** Se tratan de expresiones de afecto de los padres, como abrazos, felicitaciones, expresiones de cariño… Personalmente creo que son los más poderosos y adecuados. Deben prevalecer sobre los otros.
- **De Base Material.** Consisten en regalos materiales, como diversos objetos o dinero.
- **Relacionados Con La Autonomía.** Ofrecen más libertad o autonomía para gestionar el dinero, el tiempo, el espacio…

CONDICIONES PARA EL USO DE LOS PREMIOS.

- **No Hay Que Abusar De La Recompensa Recurriendo A Ella Con Demasiada Frecuencia.** Si el niño se acostumbra a obrar por la motivación de alcanzar un premio, la conducta pierde para él importancia y el medio se convierte en el fin. Puede convertirse en una manera de "pagarle" más que incentivarle. Un premio no debe darse por cualquier cosa; debemos enseñar al niño que el mayor premio es haber sido capaz de hacer algo positivo.
- **Los Premios Deben Ser Proporcionales Al Esfuerzo Que El Niño Ha Realizado Y Las Posibilidades De La Familia.** No es lógico que una familia de poder adquisitivo bajo se comprometa a regalar al niño un teléfono móvil de última generación

porque hoy el niño hizo bien su cama. Ese premio será desproporcionado, tanto en lo que concierne al coste-recompensa, como en lo relativo a la situación económica de la familia.

- **El Premio Prometido Debe Darse Siempre Que El Niño Lo Gane.** Una promesa no cumplida por parte de los padres, menoscaba la autoridad de estos y hace que la confianza que su hijo tiene en ellos se resienta.
- **La Inmediatez De La Recompensa La Hace Más Efectiva.** Si vemos en el niño una conducta deseada, debemos reforzarla inmediatamente. Si una madre elogia a su niño que ha hecho bien su habitación en el minuto siguiente y otra lo hace al día siguiente, el niño que arreglará su habitación con más frecuencia será el que primero vio reforzada su actitud.

RIESGOS DE LAS RECOMPENSAS.

- **Su Uso Prolongado Crea Adicción.** Se corre el riesgo de que el niño no actúe si no es a cambio de premios. Los padres deben medir muy bien el efecto que esas recompensas tienen en sus hijos e ir distanciándolos siempre que se vea necesario.
- **Modifican La Conducta Pero No Necesariamente Las Actitudes Y Motivaciones.** Los premios y recompensas deben ser intercalados y combinados con otras actuaciones educativas. Nuestro objetivo final como padres y educadores no debe ser únicamente que el niño se porte bien, sino que asimile y abrace los buenos principios, y que lo haga por convicción, no por incentivación.

Como cierre a este punto vuelvo a insistir en la conveniencia de usar el elogio, la expresión de complacencia y la felicitación como reforzadores de conducta. No en vano, después de los padres, los mejores reforzadores son los amigos, y elegimos como amistades a quienes nos proporcionan más refuerzos positivos, a los que nos hacen caso, elogian y aprecian lo que hacemos. De ahí el auge que tienen las pandillas entre los niños y adolescentes y la tendencia a la imitación en la forma de vestir, de hablar y de actuar.

PERO A VECES NO QUEDA MÁS REMEDIO QUE USAR EL CASTIGO

Al mismo tiempo que se establecen determinadas reglas, es necesario establecer también consecuencias por romperlas. Debemos ser muy específicos tanto en las reglas como en las consecuencias, pero éstas últimas deben ser proporcionadas.

El no castigar al niño cuando rompe el contrato en cosas menores le enseña que las reglas no tienen por qué ser cumplidas, y si para actuar esperamos a una conducta que sea evidentemente negativa o a una "fechoría de verdadero peso", puede que sea demasiado tarde.

No tema que las reglas le alejen de sus hijos. Ellos quieren ver que usted se preocupa lo suficiente como para poner límites y normas, y que se toma el tiempo y la molestia de hacerlas cumplir. Las reglas sobre lo que es aceptable y lo que se espera, desde la hora de llegar a casa hasta el uso del teléfono o de Internet, hacen que los hijos se sientan queridos y seguros. Además, las normas y prevenciones sobre hábitos indeseables como las drogas, les dan pautas en las que apoyarse cuando se vean tentados a tomar una decisión indebida.

ALGUNAS CARACTERÍSTICAS DE LOS CASTIGOS ADECUADOS.

El castigo debe aplicarse como último recurso para que algo se haga o deje de hacerse. El castigo, para que sea educativo y eficaz, debe ser:

- *Oportuno:* Escogiendo el momento más propicio para imponerlo y buscando unas circunstancias que no humillen. Por ejemplo, nunca aplicarlo delante de los amigos o de los familiares, porque eso humi-llará innecesaria y peligrosamente al niño
- *Justo:* Sin exceder los límites de lo razonable. Nunca los castigos pueden atentar contra los de-rechos y la dignidad de los niños. Con respecto al castigo físico, quien esto escribe cree que no es necesario, ni tampoco conveniente. Los padres deben esforzarse para que el niño llegue discernir lo correcto de lo incorrecto y decantarse por lo primero. Para lograr esto, disponemos de medidas que son suficientemente persuasivas, sin necesi-dad de recurrir al castigo físico. La agresión gene-ra en el niño miedo y dolor, pero no garantiza que se haya educado al niño por este medio. Puede darse el caso de que un bebé, incapaz de entender-nos, precise de una leve amonestación física en la "almohadilla" de sus nalgas, pero aún en este caso, debemos ser extraordinariamente comedidos.
- *Prudente:* Sin dejarse llevar por la ira. Nada conse-guirá un padre o una madre que reprenda a sus hijos a gritos, dejándose llevar por el mal genio, amedren-tando, imponiendo castigos precipitados, haciendo descalificaciones personales o sacando trapos sucios y antiguas listas de agravios.

- *Cariñoso en la forma de aplicarlo:* Para que el niño comprenda que se le impone por su bien. Hay una máxima muy cierta: "No somos eficazmente castigados sino por aquellos que nos aman y a quienes nosotros amamos."

"TEMOR" VERSUS "RESPETO".

Hay dos conceptos que a veces se mezclan, cuando en realidad son muy distintos. Me refiero a "temor" y "respeto". Pese a la enorme diferencia que existe entre ambos, aun están ligados en la mente de muchas personas.

En lo que concierne a nuestros hijos ¿Queremos ser temidos o respetados? Hay un abismo entre el verdadero respeto y el que lleva implícito un sentimiento de temor. Es fácil que nuestros hijos nos teman, sólo es necesario proferir constantes amenazas y aplicar castigos desproporcionados. Más difícil, pero infinitamente más valioso es que nos profesen un respeto equilibrado y sano. Esto se logra viviendo delante de ellos con coherencia e integridad, así como inculcándoles valores y principios, tanto verbalmente como con nuestro ejemplo.

El temor se puede infundir rápidamente, el respeto se gana con tiempo y esfuerzo.

Aquellos padres que educan a sus hijos de modo que éstos les tengan miedo, cuando envejezcan, sus hijos, ya mayores, dejarán de temerlos. En este punto la relación suele deteriorarse rápidamente y en muchos casos se rompe por completo. No ocurre así en aquellos casos en los que el padre ha cultivado una relación de respeto mutuo.

Si nos esforzamos por inculcar nociones de respeto sin necesidad de recurrir a las amenazas y castigos desmesurados obtendremos, por lo general, unos resultados muchos más satisfactorios que si recurrimos al imperio del temor y la amenaza.

PRINCIPIOS FUNDAMENTALES PARA APLICAR EL CASTIGO.

- *Padre y madre deben estar de acuerdo sobre el castigo a aplicar y el momento y forma de hacerlo.* La falta de acuerdo en la pareja provoca desconcierto y desánimo en el niño. No puede uno castigar lo que el otro consiente o incluso aprueba.

- *El niño debe saber con exactitud por qué es castigado.* Lo cuál implica que le hemos explicado con suficiente claridad y detenimiento qué es lo que esperamos de él. De otro modo el niño atribuirá el castigo a la arbitrariedad o la mala idea de los padres. "Me tiene manía" dicen algunos niños acerca de sus padres, a veces con razón.

- *Debe ser de intensidad suficiente.* De modo que la sensación que deje al niño sea suficientemente disuasiva de cometer la misma falta. Por supuesto, debemos huir de los castigos excesivos, desproporcionados, injustos o absurdos que pueden generar sentimientos de aversión, venganza y resentimiento.

- *Debe aplicarse siempre que se comete esa falta.* Si unas veces se castiga una acción y otras se tolera, el niño pierde la noción de lo que es bueno y lo que no lo es. Además el niño detectará el punto débil de sus padre y verá cuando están "de buenas" o "de malas" para consentir su fechoría.

- *El niño debe sentirse perdonado y reconciliado.* Hay que manifestarle que el castigo se impuso por amor a él: "te quiero demasiado para permitirte eso", debería ser el mensaje que el hijo extraiga de la actuación correctiva de sus padres.

El amor debe estar por encima de las travesuras. Una madre después de castigar a un hijo le dijo: "No estoy furiosa contra ti, sino contra tu travesura". Y el hijo agradeció aquel castigo. Pero después de la disciplina debemos volver a decirle que le seguimos amando y que estamos seguros de que sabrá superar esas conductas indebidas.

Por encima de todo debe prevalecer el diálogo y el cariño entre padres e hijos. A menudo el castigo no acaba del todo con las acciones malas, simplemente las reprime, pero lo importante no es que el niño aprenda a cumplir las reglas para evitar un castigo, lo ideal es "seguir las reglas" porque son convenientes y buenas, existen y se deben cumplir. Cuando unos padres han sido capaces de inculcar en sus hijos el respeto y el cariño mutuo, de tal modo que entre ellos y sus hijos se han creado y reforzado lazos de amistad, es fácil que esos niños dejen las conductas inconvenientes, por dos razones principales: Porque entendieron que vale la pena hacer las cosas bien y porque aman a aquellos padres que les recomiendan tales conductas.

El psiquiatra infantil Paulino Castells y la profesora de la universidad de Barcelona Montserrat Costa dan una clave para que los adolescentes no se vayan de las manos: Pactar siempre para que el diálogo no se rompa nunca.

Los hijos no necesitan colegas, sino padres, pero padres que capten la importancia de dialogar y hasta "negociar" con sus hijos. Esta opción será necesaria a partir de la adolescencia. En ese momento nuestros hijos comienzan a precisar de más espacio y libertad, es ahí donde debemos incorporar la negociación que les otorgará determinadas libertades a cambio de deberes adquiridos.

Esos compromisos pactados valdría la pena incluso ponerlos por escrito, firmarlos ambas partes y revisarlos semanalmente. En función de si se cumplen o no, se da la paga semanal.

Pero debe prevalecer el diálogo y está prohibido decir "no te quiero porque te has portado mal"

RECETA

8
0

125

La estabilidad matrimonial, alimento y salud para los hijos

"Un matrimonio feliz, es una larga conversación que siempre parece demasiado corta."

André Maurois

Siete verdugos del matrimonio

El ambiente que se vive y respira en el hogar incide directamente en los que lo habitan, y de manera muy especial en los hijos. Ellos son muy vulnerables, por lo que las actitudes que se dan entre los cónyuges les afectan de manera decidida, para bien o para mal. Por esa razón queremos ahora enfocar nuestra mirada al matrimonio, porque consolidando la unión de la pareja estaremos reforzando la salud emocional y también la educación de nuestros hijos.

Diversos diarios presentaban hoy la misma noticia: *"Cada 3,5 minutos hay una ruptura matrimonial. Cada día, 408 parejas se separan; cerca de 150.000 hogares se desintegran cada año... Uno de cada tres divorcios se produce en septiembre. La intensa convivencia que las parejas llevan a cabo durante la época estival se sitúa como la principal causa de la mayor parte de las separaciones que se producen tras las vacaciones..."*

Una interrogante de tamaño colosal invade mi mente: "Los medios de comunicación informan de que la convivencia es la causa de la separación. Pero ¿no era la convivencia el objetivo de la unión?"

Nos casamos para convivir pero por convivir nos separamos. ¿A qué se debe esto?

Déjenme aventurar una opinión: Sospecho que el verano nos encuentra desentrenados en esto de convivir con nuestra pareja y luego, en quince días, nos damos un atracón. Eso satura el aparato digestivo del matrimonio que, acostumbrado a la inanición, se ve desbordado e incapaz de digerir tal exceso.

El matrimonio es una institución que tiene enemigos. Como nuestro objetivo es defender, sanar y consolidar el matrimonio, una de las formas de hacerlo es localizar a sus adversarios para poder combatirlos. Enumero a continuación algunos de los que considero peligrosos VERDUGOS DEL MATRIMONIO.

1. FALTA DE COMUNICACIÓN

Una mujer expresaba la siguiente queja: *"Mi marido, antes de casarnos, se pasaba la noche sin dormir, pensando en algo que yo le había dicho; ahora se queda dormido antes de que acabe de decírselo"*.

Una de las claves más efectivas para fortalecer un matrimonio es la comunicación, y la ausencia de ella es un medio efectivo para destruirlo.

Hablarse no es, necesariamente, comunicarse.

Según el diccionario de la Real Academia Española, comunicar significa *"Hacer a otro partícipe de lo que uno tiene"*. El objetivo de la comunicación es que las diferentes personas implicadas en una conversación lleguen a participar de lo mismo y mientras que eso no ocurra no es correcto decir que hay comunicación.

Hablarse no es necesariamente comunicarse. Pongamos el caso, bastante común en una familia promedio, en que uno de ellos transmite una información mientras que el otro lee el periódico. Ese es un ejemplo de "no comunicación"

Podemos tener a toda la familia reunida mirando el televisor; unos y otros comentan sobre temas diversos, pero ninguno conecta con la esencia de lo que los demás intentan transmitir. Eso es hablar, pero de ninguna manera es comunicar.

La comunicación efectiva incluye muchos más elementos que la mera transmisión verbal, es decir, no consiste sólo en que alguien hable.

Un servidor considera importante el contacto visual a la hora de comunicar. Prefiero hablar mirando a los ojos de mi interlocutor y me gusta que él me mire mientras me habla. Los énfasis y matices que aportan las miradas, enriquecen definitivamente la conversación

Otro factor poderoso en la comunicación es el gestual y afectivo. Posar mi mano en la de mi esposa mientras le transmito una información; acariciar su rostro mientras le digo: *"No te preocupes, todo saldrá bien"* Presionar su hombro o atraerla hacia mí, mientras le pregunto *"¿Qué tal te fue durante el día?"* Eso garantiza que ella recibirá lo que intento transmitirle, y de ese modo habremos construido comunicación, porque, recordemos que comunicar es *"hacer a otro partícipe de lo que uno tiene"*

El Gran Secreto De La Comunicación.

El secreto más grande para la estabilidad de una relación es la comunión espiritual. Cuando una pareja es capaz de compartir valores espirituales está estableciendo un vínculo de primer orden.

El matrimonio no es únicamente una institución social, sino que es un pacto de carácter eminentemente espiritual y por ello la condición espiritual de los miembros afecta decididamente a la relación de la pareja.

La Biblia nos da una clave fundamental en el siguiente versículo **"Guardaos, pues, en vuestro espíritu, y no seáis desleales para con la mujer de vuestra juventud"** Malaquías 2:15. Lo que literalmente está diciendo es: *"Cuida tu vida espiritual para no ser infiel a tu esposa."*

Nuestra relación con Dios determina, en gran medida, la calidad de nuestra relación matrimonial. Mi conversación con Dios condiciona la manera en que conversaré con mi pareja. Hay actitudes hirientes que es imposible adoptar después de haber tenido comunión con Dios y hay posiciones positivas que son naturales tras un tiempo de cercanía con Él.

Cuando he sido tratado por Dios es normal que trate bien a mi pareja.

La siguiente ilustración muestra lo que ocurre en una pareja que se acerca a Dios y también refleja las consecuencias de distanciarnos de Él.

Observen que hemos ubicado a cada uno de los miembros de la pareja en uno de los vértices inferiores del triángulo, mientras que Dios está en el vértice superior. A medida que él y ella se aproximan a Dios, la distancia entre ellos dos se acorta, hasta que, cuando ambos llegan a Dios ya no existe separación, sino que se funden en uno. Pero el proceso inverso también puede darse: que ambos se distancien de Dios. Cuando esto ocurre la distancia entre ellos aumenta progresivamente. Cuanto más lejos estén de Dios más separados estarán el uno del otro.

Este es un hecho innegable: La comunión que los miembros de la pareja mantengan con Dios condiciona la relación entre ambos.

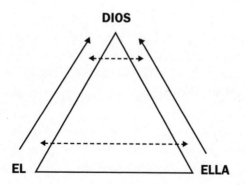

Concluiré este apartado de la comunicación recalcando que la comunicación en el hogar es un valor en decadencia, una especie en peligro de extinción. Hace muchos años que los salones de las casas se diseñan en torno al televisor y en muchos hogares la conversación es inexistente durante los tiempos de las comidas. Lo que haya que decir lo dice Don T.V. y mejor dicho que nadie.

Pero la tendencia en el último tiempo es que también la cocina cuente con su televisor y, cada vez más, Don Televisión está presente en los dormitorios de cada miembro de la familia. La tecnología TFT (televisiones extraplanas y de pantalla de plasma) permite que estos aparatos proliferen por la casa sin ocupar más espacio que el que llena un cuadro colgado en la pared. Si a esto sumamos que son muchos los que en el reducto de su habitación cuentan con equipo de música, video consola, computadora, conexión a Internet, etc. Descubrimos la causa de que cada uno establezca en su habitación su particular trinchera y las familias se conviertan en un grupo de "extraños" viviendo bajo el mismo techo. Esto supone una herida mortal en el corazón de la comunicación en familia.

No tengo nada en contra de las tecnologías de vanguardia siempre y cuando recordemos que el mismo botón que enciende esos equipos es capaz también de apagarlos, y sepamos marcar los límites y las fronteras para evitar que se conviertan en un atentado contra la familia.

La Palabra de Dios sigue exhortando: *"Hablando entre vosotros..."*. (Efesios 5:19) Nunca antes este consejo ha sido tan necesario como ahora.

2. ENFOCAR NUESTRA ATENCIÓN EN LOS DEFÉCTOS DE NUESTRO CÓNYUGE, Y NUNCA EN SUS VIRTUDES

Durante la época del noviazgo solemos idealizar al ser de quien nos hemos enamorado. En esa etapa consideramos que él/ella es un compendio de virtudes donde no cabe ningún defecto.

El final de la luna de miel suele marcar el inicio de una nueva etapa en la que empezamos a ser mucho más realistas. Alguien lo expresó muy bien cuando dijo: *"El amor es ciego, pero el matrimonio es la manera más eficaz de recuperar la vista"*

Definitivamente, el matrimonio es un método ideal para recobrar la sensatez y quitar la venda de nuestros ojos. Entonces descubrimos que no existe la persona perfecta.

Lo lamentable es que, en ocasiones, con el hallazgo de la realidad perdemos la ilusión, y acompañando al realismo puede venir el desánimo.

Ante el descubrimiento de que, definitivamente, nuestra pareja tiene defectos tenemos dos opciones: La comprensión o el desencanto.

A partir de ese momento debemos elegir dónde enfocar nuestra atención: En sus errores, limitaciones y defectos, o por el contrario en sus aciertos, virtudes y puntos fuertes. Que también los tiene, con toda seguridad que los tiene… del mismo modo que nosotros tenemos defectos.

Dependiendo de nuestra actitud y del enfoque que elijamos, estaremos construyendo o destruyendo; reforzando o debilitando nuestra relación.

La crítica y el reproche constantes, matan el matrimonio. Destacar, de forma reiterada, los errores y defectos de la pareja aboca al matrimonio a una pendiente que termina en el fracaso.

Por el contrario, realzar las virtudes de nuestra pareja es un combustible eficaz para el amor.

Se lo aseguro, el aprecio y reconocimiento son reconstituyentes de primer orden para el matrimonio. Esto no está reñido con el diálogo franco en pareja para ir eliminando esas actitudes que nos molestan y nos hieren.

3. FALTA DE COMPRENSIÓN

Todos Enfrentamos Etapas Difíciles

Todo ser humano atraviesa por momentos especiales a nivel emocional: días grises, malas digestiones, periodos de menstruación, problemas en el trabajo, enfermedades, etc.

Puede que en este momento su hogar esté inmerso en uno de esos procesos, tal vez acaba de salir de uno de ellos o es posible que, aun sin saberlo, se esté aproximando a uno de estos valles relacionales.

Nadie está libre de ellos, por eso es mejor estar preparados para enfrentarlos, porque esas etapas afectan a la convivencia familiar.

Esas etapas pueden suponer un gran peligro o una enorme oportunidad

Es importante que sepamos que estos días son absolutamente decisivos para la relación matrimonial. Nuestra actitud en esos momentos - la manera en la que tratamos a nuestro cónyuge cuando está enfrentando "un invierno"- conseguirá que la relación se consolide o, por el contrario, se resienta.

Sí, las épocas duras del matrimonio son las etapas más sensibles.

- Si somos capaces de amar y comprender a nuestra pareja aunque hoy regrese del trabajo sin ánimo de escuchar los problemas que tuvimos con los niños.
- Si le/la comprendemos aunque no ponga la barra para la cortina o cuelgue el cuadro que prometió hace días.
- Si toleramos el llegar hoy a casa y no encontrarnos la comida preparada.
- Si comprendemos que él/ella no se encuentre hoy con ánimo de mantener relaciones sexuales.

Si nuestra pareja no es capaz, en este momento, de cubrir nuestras expectativas, pero a pesar de ello le manifestamos amor y comprensión, entonces la relación será fortalecida y los vínculos de unión saldrán reforzados.

Si, por el contrario, exigimos a nuestro cónyuge que mantenga el nivel habitual y cumpla estrictamente con todas sus obligaciones, sin tener en cuenta que está atravesando un momento difícil, él o ella comenzarán a pensar que se casaron con un ser verdaderamente egoísta.

Por descontado que hay que evitar que esa actitud se convierta en algo crónico y que uno de los dos permanezca sumido de forma constante en el pozo de la autocompasión, exigiendo del otro una atención y comprensión permanentes sin ofrecer ninguna contrapartida. Esa posición -salvo en casos de una enfermedad- debe ser combatida o terminará arruinando el matrimonio.

La mejor forma de evitar ese riesgo es el dialogo y la comunicación en pareja, mediante los que exponemos nuestra situación, expectativas, estado de ánimo, capacidad de aguante, etc.

Un ejemplo emocionante

Hay un ejemplo bonito y emocionante en la Biblia; que aparece en el primer libro de Samuel, en el capítulo quince y cuenta acerca de un varón llamado Elcana y de su esposa, Ana, quien no tenía la posibilidad de concebir un hijo. Llegado un momento particular en el año, en el que era costumbre que el varón obsequiara a sus esposas (entiéndase que en aquella época y cultura era normal que un varón tuviera varias mujeres), el relato bíblico dice que Elcana prestaba especial atención y solicitud a la hora de obsequiar a su esposa Ana:

*"Pero a Ana daba una parte escogida; porque amaba a Ana, **aunque** Jehová no le había concedido tener hijos".* 1ª Samuel 1:5

La palabra clave es "aunque." Para entender el alcance de esta situación es necesario conocer que los rabinos judíos tenían una lista de personas que, según ellos, estaban excluidas de la presencia de Dios. Esa "lista negra" estaba encabezada por *"todo varón que no tuviera esposa, o que teniéndola, ésta no le da hijos"*

Eso significa que la limitación de Ana podía afectar decididamente a la reputación de su esposo. De no haber tenido otras esposas que le dieran hijos, la imposibilidad de Ana para concebir habría sido un estigma sobre su marido. Sin embargo *"Elcana amaba a Ana, aunque…"*

Esta es la clave: *"El amor aunque"*

Hay una gran diferencia entre el **"Amor Porque"** y el **"Amor Aunque"** En el primer caso yo amo a mi pareja "por lo que es capaz de proporcionarme" en el segundo yo la amo "aunque no llene todas mis expectativas".

El ejemplo más sublime

El mayor ejemplo de "amor aunque" es el mostrado por Dios hacia el ser humano: *"Pero Dios prueba que nos ama, en que, cuando aún éramos (**aunque éramos**) pecadores, Cristo murió por nosotros."* Romanos 5:8 (DHH)

Él nos dio ejemplo para que le imitemos y ¿Qué mejor marco para comenzar a desplegar ese amor que el propio seno de la familia?

"El hombre no deja de existir cuando muere, sino cuando deja de amar" y lo mismo se puede decir del matrimonio.

Inyectemos a nuestra relación una gran dosis de amor cada día… una gran dosis de *"amor aunque"*.

4. COMPARAR A MI PAREJA CON OTRAS PERSONAS

Permítame relatarle una vivencia personal. Un día ví a una joven que desbordaba alegría. La observé de lejos y de inmediato quedé cautivado. Aquella joven era, por encima y por debajo de todo, alegría: aún en la distancia me embargó la convicción de haber encontrado, por fin, a la felicidad humanada, pues su ser entero proyectaba dicha. Aquellos ojos eran ventanas por las que se asomaba la felicidad de la vida. Estaba exultante y el entusiasmo brotaba por cada poro de su piel.

No pude evitarlo, tuve que preguntarla el motivo de su gozo. Ni un segundo tardó en responder. No lo dijo, lo gritó: *"¡¡He encontrado a mi príncipe azul!!"*

Tiempo después volví a verla. Tardé en reconocer que era la misma persona. Arrastraba su cuerpo y sobre todo su alma. Sus ojos no eran ya ventanas a la alegría, sino sombríos miradores por los que se asomaba una aflicción indescriptible, e insoportable también. Ni pude ni quise evitar el interrogarla por el motivo de su tristeza: Respondió enseguida, su voz era un susurro, dejé de respirar para escucharla mejor: *"Mi príncipe azul ha desteñido"* Poco después me explicó. *"Cómo ha cambiado desde que nos casamos. Antes no tenía fallos, pero ahora no le encuentro virtudes."*

Después de los primeros años de casados acabamos convencidos de que la persona a la que nos hemos unido no es perfecta. En algunos casos dista mucho de serlo. Lo que en el noviazgo nos parecía un compendio de bondades en el que todas las virtudes estaban presentes, ahora se muestra como un cielo de azul purísimo, pero con determinadas nubes que, de cuando en cuando, arrojan sombras a nuestra convivencia.

Como en el caso de la joven que acabo de mencionar, alguien me explicó el proceso de su matrimonio con las siguientes palabras: *"Hace cinco años, cuando me casé, estaba convencido de haber unido mi vida a un ángel perfecto. Un ser celestial en el que no faltaba nada, ni nada sobraba. Hoy estoy viendo que sobran unas pocas cosas y otras faltan. Por ejemplo le sobran ataques de mal humor y le faltan arranques de cariño..."*

Creo que muchos podrán sentirse identificados con esa confesión.

Ante ese descubrimiento muchos adoptan una actitud equivocada: algunos varones comienzan a mirar al resto de las mujeres que cuentan con esa capacidad, talento o disposición que les gustaría ver en su esposa. Seamos concretos: *"Como me gustaría que mi esposa se conservara tan delgada y tan elegante..."*

Algunas mujeres observan al resto de varones que adoptan esa disposición y actitud que tanto extrañan en su marido: *"Aquel hombre sí que es cariñoso... ojala mi marido fuera así..."*

Las comparaciones son odiosas y peligrosas

"Las comparaciones son odiosas" Es un dicho muy conocido; permítaseme agregar que, además, *"las comparaciones son peligrosas"*

Un verdugo terriblemente efectivo para el matrimonio es comparar a mi pareja con otras personas. Es algo aparentemente inocuo. ¿Qué daño hago a mi pareja por pensar de esa manera? No estás dañando a tu pareja, estás dañando tu matrimonio.

El verdugo de la comparación trabaja con guantes de seda. Escucharás conversar a un caballero o verás sonreír a una señorita y lamentarás que tu marido no sea tan conversador o reprocharás la ausencia de sonrisa en el rostro de tu esposa. Luego llegarás a tu hogar y te encontrarás con la realidad que allí vive.

Debemos ser extremadamente cuidadosos para evitar que esta actitud se acentúe y se convierta en un hábito; porque desembocará en el desprecio a nuestra pareja y abriremos una puerta a la infidelidad.

La ruleta rusa del matrimonio

He conocido a hombres felizmente casados que se iniciaron en el juego de las comparaciones. Un juego tan peligroso como la ruleta rusa. Tenían una esposa que puntuaba ocho sobre diez: era excelente madre, trabajadora, mujer cariñosa y contaba con otras muchas virtudes. Este varón afortunado despreció su fortuna cuando vio cruzarse en su camino a una mujer que sólo puntuaba dos sobre diez. Únicamente contaba con un par de virtudes, pero eran precisamente aquellas de las que carecía su esposa.

Neciamente cambió a una mujer excelente por otra mediocre… hizo el peor negocio de su vida y cuando se dio cuenta del error ya era tarde; el hogar se había roto.

No seamos necios. Miremos los valores de nuestra pareja y sepamos apreciarlos.

Recuerda siempre la máxima que dice: *"Que alguien no te ame en la forma en que tú deseas ser amado no significa que no te ame con todo su corazón"*

5. LA FALTA DE GRATITUD Y EL REPROCHE CONSTANTE

Somos propensos a dar por sentado que nuestra pareja hace lo que hace porque es su obligación, y la palabra *"gracias"*, una de las más bellas del hermoso idioma español, está cayendo en desuso. Eso, de por sí, ya es malo, pero la situación se agrava cuando esa palabra que se extingue, cede su lugar a otra que afianza su presencia cada vez con más tiranía; me refiero a la expresión: *"¿Por qué no...?"*.

Pongamos un ejemplo tomado de la vida cotidiana:

La mesa está lista y la familia se sienta a disfrutar de la comida. Los alimentos son masticados, tragados y digeridos; pero de ninguna boca se escurre una expresión de gratitud y reconocimiento para quien cocinó esos platos.

Si no te sientes identificado/a con el hecho que acabo de relatar, te felicito calurosamente, tu hogar es uno de los escasos reductos donde todavía pervive el bello arte de ser agradecido.

Pero el panorama se oscurece aún más cuando la misma familia se sienta en torno a la misma mesa y se dispone a deglutir la comida. Hoy, por desgracia, la mano que condimentó el plato se olvidó de echarle sal. Los alimentos son masticados y de los labios que brillan, ungidos por la insípida salsa, se desliza una amarga expresión: *"Por qué no le pusiste sal..."*

La boca que se niega a proferir palabras de reconocimiento y gratitud es rápida en disparar expresiones de exigencia o reproche. No agradecemos lo que hacen bien, pero reprochamos lo que hacen mal.

Una mujer sirvió alfalfa en el plato de su marido y de su hijo. Estos miraron la comida sorprendidos, para luego mirar a la mujer enojados.

"¿Te has vuelto loca? –Preguntó el marido– *¿Qué comida es ésta?"*

La mujer respondió con calma: *"Llevo veinte años sirviéndoos la comida, y jamás habéis dado una muestra de que lo que os sirvo sea más agradable que la alfalfa".*

Alma en bancarrota = matrimonio arruinado

En una ocasión tuve que tratar con un matrimonio que atravesaba momentos francamente difíciles. Primero le escuché a él, quien me dijo:

"Mi esposa tiene un carácter permanentemente irascible; se enfada continuamente y sin motivo justificado. Cuando le pregunto la razón de su enfado ella se niega a contestar.

Si me aproximo a ella por la noche, en la cama, se retira como si a su lado hubiese un apestado.

Le llevé un ramo de flores y lo arrojó a la basura".

Aparentemente el caso no tenía demasiadas dudas. Aquella mujer estaba siendo extremadamente desconsiderada con su marido. Pero, convencido de que en ningún conflicto de dos toda la culpa recae sólo sobre uno, decidí escucharla a ella también, quien me dijo:

"Desde pequeña he carecido de afecto paternal. Mi padre bebía demasiado y por esa causa era muy agresivo; nunca me manifestó cariño ni se interesó por mi, jamás se sentó a mi lado para que conversáramos. Con mucha frecuencia tenía arranques de ira y gritaba golpeando con su puño contra la mesa.

Cuando conocí al que ahora es mi marido, pensé que él me daría todo aquello que siempre me faltó, me ilusioné y corrí a sus brazos. Pronto descubrí que estaba equivocada. Él se pasa el día fuera de casa y yo dentro de ella. Cuando regresa al hogar está cansado y todo lo que hace es sentarse frente al televisor hasta la hora de cenar. Nunca me ha pedido que me siente a su lado, nunca colabora con las tareas del hogar, nunca intentó que habláramos; y para colmo, este hombre, al menor contratiempo estalla airado y golpea con su puño contra la mesa. En ese instante la imagen de mi padre, con el rostro enrojecido por la ira y el alcohol, se reproduce en mi mente.

Luego, por la noche, se aproxima pretendiendo mantener relaciones íntimas; y en una extraña ocasión, cuando la culpa le torturó, vino a casa con un ramo de flores. No son flores lo que yo necesito, sino un marido que me ame y me comprenda."

En ese momento y ante esa pareja me afirmé en la idea de que todos necesitamos aprecio, reconocimiento y gratitud. La ausencia de esos elementos puede tener consecuencias desastrosas.

El depósito de las emociones

Todos nacemos con un depósito emocional que necesita mantenerse en el adecuado límite. Cuando el nivel de ese depósito baja del *"Límite Permitido"*, se sufren las consecuencias, que suelen ser: Complejos de inferioridad, irritabilidad constante, una actitud hermética que se manifiesta en el *"déjame tranquilo, no me pasa nada…"*

Por el contrario, la persona cuyo depósito emocional está lleno se mostrará confiada y confiable. Tranquila y amable.

La forma de vaciar el depósito emocional de una persona es el reproche continuo, la crítica, la indiferencia, la falta de expresiones de gratitud… eso vacía el alma llevándola a la bancarrota. Para llenar ese depósito se precisa del cariño, el aprecio, la gratitud; expresiones de reconocimiento y muestras de amor y respeto.

Hacer ingresos en el alma de nuestro cónyuge es enriquecer nuestro matrimonio y, en consecuencia, asegurar nuestra estabilidad y felicidad.

Mantengamos bien presente la reflexión que hiciera Jean de la Bruyere: *"Solo un exceso es recomendable en el mundo: el exceso de gratitud."*

6. FALTA DE INTIMIDAD

Mantener la intimidad en la pareja es una responsabilidad que a menudo resulta difícil de cubrir. Sin embargo, esa carencia puede llegar a ocasionar serios daños al matrimonio.

Recordemos el propósito de dios para la pareja:

"Por tanto, dejará el hombre a su padre y a su madre, y se unirá a su mujer, y serán una sola carne". Génesis 2:24

Todo lo que está impreso en la Biblia es importante. No hay nada que sobre, ni falta nada en el texto bíblico. Pero se da un hecho interesante, y es que todos los temas de especial relevancia se repiten varias veces a lo largo de la Biblia. Ningún tema trascendente aparece en un sólo lugar de la Palabra de Dios.

El caso que ahora nos ocupa es llamativo. La ordenanza divina de que el hombre "dejará a su padre y a su madre y se unirá a su mujer" no aparece en uno ni en dos lugares. Ese mensaje se repite en cinco sitios distintos: Génesis 2:24; Mateo 19:5; Marcos 10:7-8; 1 Corintios 6:16; Efesios 5:31;

La palabra que en nuestra Biblia se traduce al castellano como *"unir"* significa literalmente: *"Adherir y pegar con pegamento"*.

Si tomamos como ejemplo dos piezas unidas por pegamento, podemos extraer el gran principio que se desprende de esta enseñanza:

Cuando dos piezas están pegadas es imposible introducir nada entre ambas. Del mismo modo, entre dos personas que se han unido de acuerdo al patrón establecido en la Biblia, es verdaderamente difícil que algo o alguien se entrometa. ¿Qué papel le corresponde a Dios en esta figura? *Dios es el pegamento que une ambas vidas.*

Debemos cuidar, por tanto, la intimidad en la pareja, y preservarla de:

←*La infidelidad.* Estoy convencido de que quien es capaz de romper el voto de fidelidad que le hizo a su pareja, es capaz de engañar a cualquiera. Como varón tengo la convicción de que ser hombre no es ser capaz de estar con muchas mujeres. La hombría se demuestra manteniendo mi promesa de fidelidad y eso no lo hace cualquiera, sino que es exclusivo de quien tiene principios y cuenta, además, con la fortaleza de carácter suficiente para ser consecuente con esos principios. *"El que ha conocido sólo a su mujer y la ha amado, sabe más de mujeres que el que ha conocido mil."* Esta afirmación del escritor ruso Leon Tolstoi encierra una gran verdad.

← *Terceras personas con mala intención* que quieren arruinar nuestro hogar. Siempre hay quien desea sembrar la discordia. No hagas caso fácilmente a quienes acusan a tu pareja de actitudes inconvenientes. No des crédito a todo rumor. Hay personas que difaman; por desgracia existen quienes son capaces de alzar nubes de sospecha sobre el cielo azul del matrimonio. Debemos cultivar la confianza en el matrimonio y ante la mínima duda confrontar a nuestra pareja con cariño y transparencia para aclarar cualquier rumor. No te estoy invitando a desestimar todo rumor, sino a contrastarlo con tu pareja y a no prestar tus oídos a todo difamador, porque, lamentablemente, suelen abundar los que, envidiosos de la felicidad de una pareja, intentan destruirla.

← *Terceras personas con buena intención* pero que se entrometen en el matrimonio. Es posible que algunos familiares se entrometan en el círculo íntimo del matrimonio dando consejos que nadie les pidió o intentando intervenir sin que la pareja lo solicite y consiguiendo, de este modo, robar la paz del hogar. El matrimonio debe ser un círculo cerrado cuya puerta de acceso sólo se abra desde adentro. Uno de los focos más frecuentes de conflicto matrimonial es la relación con las familias de los cónyuges. Cuando los padres casan a alguno de sus hijos deben entender que se ha cerrado un ciclo y que los casados precisan de intimidad e independencia. Cuando, como padres, no entendemos esto e insistimos en intervenir con consejos que no se nos pidieron e incluso con imposiciones, estaremos propiciando enfrentamientos con nuestros hijos y también sembrando discordia en la pareja recién casada. No significa esto que debe establecerse una gran distancia entre padres e hijos o entre hermanos; significa simplemente que debemos marcar unas fronteras invisibles pero reales, de modo que cada hogar tenga su espacio, independencia e intimidad.

←*Nuestros hijos solteros*. Los hijos son, indudablemente, una fuente de bendición, pero, como la leña para el fuego, que en exceso ahoga, así ocurre que a veces la pareja necesita oxígeno.

Ni siquiera los hijos deben interferir en la unidad del matrimonio. Otro de los grandes focos de conflicto en la pareja son los hijos. Cuando llega el primero la situación cambia de tal modo que es fácil verse sumido en una crisis. Todo sufre una transformación. La atención que antes se volcaba de forma exclusiva en nuestro cónyuge ahora tenemos que compartirla con un bebé, y un bebé que muestra unas exigencias de tiempo y atención difíciles de satisfacer. A esto hay que añadir la enorme presión que supone atender a un niño siendo padres primerizos. Pagamos la novatada de lleno. Todo nos asusta. No sabemos por qué llora y pensamos lo peor. Cualquier anomalía es suficiente para salir corriendo al hospital... Nos agobiamos si come poco y nos preocupa que coma demasiado. En fin, la primera paternidad genera una crisis sin precedentes.

En este punto es vital conservar la calma por encima de todo. Esa época pasará y enfrentarás otros retos de signo distinto.

He descubierto que los conflictos matrimoniales a causa de los hijos vienen dados por diferentes razones, entre ellas enumeraré las siguientes:

- **Discusiones en la pareja por distintos puntos de vista en lo que concierne a la educación**, disciplina y corrección de los hijos. El padre y la madre suelen discrepar sobre lo que merece un castigo y el tipo de castigo que merece. Cuando prevalece el diálogo en la pareja éstas diferencias se van subsanando. Es necesario tener paciencia y reforzar la comunicación para establecer unos criterios comunes sobre el aspecto de la educación, me refiero a establecer unos parámetros para educar y unas normas generales en las que ambos miembros de la pareja coincidan.

Volvemos a insistir sobre la necesidad de no discutir delante de los hijos. Los cambios de impresión es mejor hacerlos cuando ellos no estén presentes. Esto es por dos razones: Evitar que sufran al ver discutir a sus padres y evitar que luego intenten sacar ventaja de aquel de los dos que ellos perciben más condescendiente y menos estricto. No añadiré más en este punto, porque enseguida lo abordaremos con más detenimiento.

- **La atención que antes volcábamos sobre nuestra pareja, ahora tenemos que enfocarla al recién llegado**; esto puede originar distancia en el matrimonio y una relación más fría entre los cónyuges. Es inevitable compartir la atención, pero debemos buscar el adecuado equilibrio para no desatender la relación matrimonial. Al fin y al cabo, con el paso del tiempo, el bebé se hará mayor y requerirá menos atención hasta que finalmente volará del hogar, mientras que nuestra pareja siempre estará a nuestro lado y es esa la relación que más debemos cuidar.

Puede ser muy conveniente buscar tiempos de estar a solas para pasear, conversar y comunicarnos. Los abuelos o algún familiar cercano pueden disfrutar un rato de nuestro bebé mientras que nosotros lo hacemos de un tiempo de expansión. No hace falta marcharse al Caribe (aunque si puedes permitírtelo, no dejes de hacerlo), un paseo por el parque puede ser restaurador para la agredida intimidad de nuestro matrimonio.

- **Los encuentros íntimos se hacen más complicados y la relación sexual puede verse afectada**. No sólo por el hecho de que nuestra habitación ha sido invadida por un "extraño" y eso aporta al encuentro íntimo la sensación de no ser tan íntimo, sino porque nuestra mente suele estar saturada y nuestro ánimo alterado. Es fácil que se produzcan desarreglos en la actividad sexual. De nuevo aquí habrá tres elementos clave:

1. **Comunicación** para expresar nuestras necesidades.
2. **Respeto y cariño** para intentar suplir las necesidades de nuestra pareja.
3. **Comprensión** cuando nuestro cónyuge vive momentos delicados en los que le resulta imposible cubrir nuestras expectativas.

7. QUITARSE LA AUTORIDAD EL UNO AL OTRO

Jan Blaustone pronunció una verdad fundamental: *"Nunca se siente más seguro un niño que cuando sus padres se respetan."*

Algunas crisis de autoridad y también de relación que se dan en la familia provienen de que los padres se desautorizan mutuamente. Esto se da, tanto delante de los amigos y familiares como delante de los hijos.

En el primero de los casos (delante de los amigos y familiares) la situación es incómoda. Cuando uno de los cónyuges da una opinión o hace una propuesta, el otro le desautoriza provocando un sentimiento de humillación. Eso mina la relación y menoscaba el respeto y el cariño. Pero el otro campo de acción, la desautorización delante de los hijos, es más peligrosa aún y conlleva daños más profundos, puesto que quita toda la efectividad al proceso de la educación.

No se trata solamente de educar y corregir a nuestros hijos, sino de lograr que la corrección produzca unos resultados positivos. Uno de los errores más frecuentes es que los padres hacen la guerra entre sí a la hora de educar a sus hijos.

Es fundamental la sintonía entre el padre y la madre. Si el padre le dice a su hijo que debe utilizar los cubiertos para comer, la madre le debe apoyar, y viceversa. No debe caer en la trampa de decir: "Déjalo que coma como quiera, lo importante es que coma."

Lo deseable a la hora de corregir a un muchacho, y en especial cuando se trata de aplicar disciplina, es que exista un acuerdo pactado entre el padre y la madre. Eso puede requerir tomarse tiempo antes de aplicar la corrección, pero no debe preocuparnos; la disciplina no es más efectiva por el hecho de aplicarse de manera instantánea. Si uno de los cónyuges está ausente cuando el hijo comete una "fechoría", es posible y conveniente que quien está le diga al hijo o a la hija "cuando tu padre (o tu madre) regrese, hablaremos al respecto" Esa actitud refuerza el efecto de la futura corrección, además de conferir al matrimonio una imagen de solidez que hará mucho bien a nuestros hijos.

Si por cualquier razón uno de los dos ha tomado una decisión e intervino corrigiendo, el otro no debería, bajo ningún concepto, desautorizarle delante del hijo. Es posible y necesario expresar nuestra discrepancia, si ésta existiera, pero nunca delante de los hijos.

Repito lo que dije en páginas anteriores: puede ser muy conveniente ponerse de acuerdo, aunque todavía no haya ocurrido nada, para convenir una solución sobre el modo de actuar ante situaciones concretas. Me refiero a que los esposos hablen para llegar a decisiones "si nuestros hijos precisaran ser corregidos, enseñados, o disciplinados". Hará falta, como siempre que intervienen dos o más personas en una decisión, que cada uno ceda en algo de su idea inicial para lograr un acuerdo sin imposiciones.

Fuera de toda duda, la falta de acuerdo entre los esposos al educar a los hijos es la causa de muchos fracasos en la educación y también el comienzo del declive en algunos matrimonios.

Quiero decirle, querido lector, que si la lectura de este libro le está provocando la incómoda sensación de haber hecho las cosas mal, no se preocupe, sólo que no convierta esa sensación en una cadena que le ate, sino en un claro propósito de enmendar las actitudes que precisen ser cambiadas. Recuerde la acertada frase de María del Consuelo Díaz *"A veces los fracasos son el trampolín de los éxitos."*

POSTRE

DAVID, GRAN REY, PERO PÉSIMO PADRE.

(Análisis De La Paternidad Del Rey David)*

* Nuevamente aquí, para la confección de este capítulo, han sido de inestimable ayuda las reflexiones que me ha prestado mi amigo y compañero, el pastor Jesús Giraldo.

¿Padre es aquél que engendra hijos? ¡No! Eso es progenitor.

¿Padre es quien provee económicamente para su descendencia? ¡No! Eso es benefactor o mecenas.

¿Padre es el que enseña a sus hijos? ¡No! Eso es profesor o maestro.

¿Qué significa, entonces, ser padre? ¿Quién ha alcanzado el título de padre?

Padre es quien cubre las necesidades físicas, emocionales y espirituales de sus hijos.

Eso implica vivir delante de ellos en el temor de Dios, diciéndoles SI y diciéndoles NO.

Conlleva PREMIARLES y CORREGIRLES; reforzando lo positivo y atenuando lo negativo.

Estudiemos estos aspectos, tomando a David, el pastor-rey, como referencia.

LOS GRANDES TRIUNFOS DE UN GRAN REY

La historia de David es una de las más conocidas de la Biblia. Conocemos más de David que de la mayoría de los demás personajes bíblicos.

¿Quién no conoce la historia de David y Goliat?

¿Quién ignora la bonita relación de amistad entre David y Jonatan?

Existen muchos aspectos en la vida de David que merecen nuestro reconocimiento, y admiración:

- Fue un hombre conforme al corazón de Dios.
- Demostró ser un gran militar y un extraordinario estratega. Bajo su reinado Israel logró más conquistas que en ninguna otra época. David convirtió a Israel en una tremenda potencia en el mundo de aquellos días. Extendió las fronteras del territorio de mar a mar. No hubo otro monarca que ampliara el reino como lo hizo David.
- Fue un importante músico y poeta. El libro de los Salmos es sólo una muestra de sus múltiples composiciones.
- Jesús mismo es denominado: "Jesús hijo de David" ya que David fundó la casa dinástica de la que vendría el Mesías.

No cabe la menor duda de que David fue una de las estrellas más rutilantes del firmamento bíblico. Pero hubo un aspecto en el que "esa estrella" no brilló como debería haberlo hecho.

Sí, hubo muchos puntos loables en la vida de David. Pero hubo un aspecto en el que éste gran rey, extraordinario soldado y brillante estratega no dio la talla.

¿Cuál fue ése aspecto? El de la paternidad.

Un cuidadoso análisis a este aspecto de la vida de David rebela serias carencias de fondo.

LOS GRANDES ERRORES EN LA PATERNIDAD DE DAVID

La vida familiar de *David* es ignorada por muchos, sin embargo, el texto bíblico es bien explícito al señalar los errores que David cometió en la educación de sus hijos.

El principal de ellos fue la *PERMISIVIDAD*.

Es fácil confundir dos términos que suenan parecidos: *COMPRENSIVO* y *PERMISIVO*.

No es lo mismo ser comprensivo que ser permisivo; lo primero es necesario, lo segundo es peligroso.

Pero hubo determinadas actitudes en la vida de David que le llevaron a ser un padre absolutamente permisivo y demasiado tolerante con sus hijos.

Los errores que cometió en su vida personal le condujeron a esa actitud permisiva y el primero de ellos fue:

• **EL MAL EJEMPLO.**

Sin ningún género de dudas, el primer peldaño de la escalera de la educación es dar ejemplo a nuestros hijos. Ya abordamos este punto en la primera de las recetas de la educación, pero conviene recordar este principio. No podemos anteponer ningún otro aspecto de la educación a éste.

Intentar imponer unas pautas de conducta que nosotros no respetamos es la manera más eficaz de llevar a nuestros hijos a la rebeldía.

Éste fue el gran error de David: Falló en el primer paso y todo lo demás se arruinó.

El profeta tuvo que decirle:

"Por lo cual ahora no se apartará jamás de tu casa la espada, por cuanto me menospreciaste, y tomaste la mujer de Urías heteo para que fuese tu mujer. Así ha dicho Jehová: He aquí yo haré levantar el mal sobre ti de tu misma casa, y tomaré tus mujeres delante de tus ojos, y las daré a tu prójimo, el cual yacerá con tus mujeres a la vista del sol. Porque tú lo hiciste en secreto; más yo haré esto delante de todo Israel y a pleno sol" 2ª Samuel 12:10-12

David pecó deliberadamente al tomar a la mujer de Urías heteo y preparar el asesinato del marido de ésta; la práctica de pecado deliberado fue la raíz y el origen de la falta de firmeza y permisividad de éste rey.

Conociendo su propio pecado David no tuvo fuerza moral para estorbar a sus hijos en hacer el mal; no empleó adecuadamente su autoridad de padre.

Las prioridades de conducta: Desde el respeto al resto de las personas a cualquier otro aspecto de la integridad... todos los principios se enseñan con el ejemplo.

Qué importante es que lleguemos a asumir que con nuestro buen ejemplo estamos proporcionando a nuestros hijos alas, para que vuelen en cielos de libertad, y con nuestro mal ejemplo podemos colocar en sus pies cadenas que les esclavizarán.

Un hogar donde se respetan sanos principios será una sala de maternidad que entregue al mundo vidas limpias, pero un hogar donde se toleran y practican conductas inconvenientes será como un paritorio donde se alumbren vidas esclavizadas.

• TODA SU DISCIPLINA CONSISTÍA EN PALABRAS Y EMOCIONES.

David era una persona muy sensible y emotiva. Cuando sus hijos actuaban mal, *todo quedaba en lamentos y enojo*, pero jamás tomaba medidas firmes orientadas a modificar esas actitudes.

Se indignaba mucho, se llenaba de consternación y vergüenza; pero ahí quedaba todo.

David se movía por sentimientos, pero no por principios.

Un ejemplo de esto lo tenemos en el incidente protagonizado por su hijo Amón. Algo trágico había ocurrido en el seno de la familia del rey David:

Amón forzó a Tamar, su propia hermana. Abusó de ella y la deshonró.

En esta situación vemos claramente que nuestro pecado, tarde o temprano nos alcanza:

¿Recuerda que David había cometido pecado sexual con la esposa de Urías? Ahora vemos como su hijo reproduce el pecado de su padre, pero lo hace ¡en su propia hermana!

¡¡El principio de la cámara fotográfica, que mencionamos en el primer capítulo, estaba teniendo lugar!! Los hijos de David habían estado "capturando" las imágenes que su padre provocaba en el hogar y ahora las estaban reproduciendo.

La reacción de David ante la cruel noticia está registrada en *2ª Samuel 13:21* *"Y luego que el rey David oyó esto, se enojó mucho"* "Enojo", eso era todo lo que David evidenciaba.

A continuación, Absalóm, otro de los hijos de David, no soporta lo que Amón hizo con Tamar, y acaba asesinando a su propio hermano.

¡¡Recuerden!! Después de pecar con la mujer de Urías, lo siguiente que David hizo fue inducir el asesinato del marido de esta. También esa actitud se reproduce en sus propios hijos. Uno de ellos asesina al otro.

El rey recibe la noticia y... *"también el mismo rey todos sus siervos lloraron con muy grandes lamentos. Más Absalóm huyó y se fue a Talmai, hijo de Amiud, rey de Gesur. Y David lloraba por su hijo todos los días"* *2ª Samuel 13:36-37.*

Enojo, lágrimas, lamentos... esa era toda la reacción de David ante las terribles fechorías de sus hijos.

Absalóm estuvo tres años ausente, y cuando regresó: *"David llamó a Absalóm, el cual vino al rey, e inclinó su rostro a tierra delante del rey; y el rey besó a Absalóm"* *2ª Samuel 14:33*

No se relata en la Biblia que hubiera ningún tipo de disciplina ni corrección orientadas a erradicar, ni siquiera a atenuar, esas actitudes.

La ausencia de consecuencias fomenta que la mente consentida de Absalóm comience a fraguar fechorías de mayor alcance, llegando a concebir un golpe de estado contra su propio padre.

Así lo pensó y así lo hizo: Dio un golpe de estado y usurpó el trono a su padre.

No olvidemos que el reino delegado de los padres es el hogar, pero temo que muchos hijos han desbancado a sus padres de la autoridad en el hogar. Han usurpado el gobierno. Dieron golpes de estado en sus casas, tomando ellos las riendas y el control.

Han quitado la autoridad a los padres y reinan ellos.

Cuando David fue destronado del reino quedó en un estado lamentable:

"David subió la cuesta de los Olivos, y la subió llorando, llevando la cabeza cubierta y los pies descalzos. También todo el pueblo que tenía consigo cubrió cada uno su cabeza, e iban llorando mientras subían" 2ª Samuel 15:30

Cubrir la cabeza y caminar descalzos era una manera de manifestar vergüenza, y es que la situación en la que se encontraban era de auténtica vergüenza.

Lo que a David le ocurrió fue exactamente lo que advierte la Palabra de Dios: *"El hijo consentido avergüenza al padre"* Proverbios 29:15 (RVR 1960)

Los gritos y continuas amenazas, si no van seguidos del cumplimiento de las mismas, ayudan a reforzar una conducta errónea en los hijos.

• NUNCA QUISO QUEBRANTAR EL ORGULLO DE SUS HIJOS.

Alguien me lo dijo hace tiempo y jamás lo he olvidado: *"Ningún éxito en la vida justifica el fracaso en el hogar"*

Lamentablemente David triunfó en el trono pero falló en el hogar. Este caso ratifica la verdad del proverbio chino que dice: *"Es más fácil gobernar una nación que a un hijo"*

Miremos el caso de Absalóm. Este era, indudablemente, el niño bonito de David:

"Conociendo Joab, hijo de Sarvia, que el corazón del rey estaba inclinado por Absalóm..." 2ª Samuel 14:1

Para los cercanos al rey era evidente la predilección que éste sentía por Absalóm.

Absalóm era un joven orgulloso y altanero:

"Y no había en todo Israel ninguno tan alabado por su hermosura cómo Absalóm; desde la planta de su pie hasta su coronilla no había en él defecto" 2ª Samuel 14:25

Absalom era una de esas personas que cuando te pones a su lado no puedes evitar pensar: Él es la estrella y yo el estrellado.

Tenía un físico perfecto, pero un carácter abominable. Era el chico guapo, creído, soberbio... En fin, su cuerpo era un envase de oro pero que contenía miseria.

Estaba acostumbrado a que los demás hicieran siempre lo que él quería, incluido su padre, y a salirse permanentemente con la suya.

"Y vino Absalóm al rey, y dijo: He aquí, tu siervo tiene ahora esquiladores; yo ruego que venga el rey y sus siervos con tu siervo.

Y respondió el rey a Absalóm: NO, hijo mío, no vamos todos, para que no te seamos gravosos. Y aunque porfió con él, no quiso ir, mas le bendijo.

Entonces dijo Absalóm: Pues si no, te ruego que venga con nosotros Amón mi hermano. Y el rey respondió: ¿Para qué ha de ir contigo?

Pero como Absalóm le importunaba, dejó ir con él a Amón y a todos los hijos del rey." 2ª SAMUEL 13:24-27

"Y mandó Absalóm por Joab, para enviarlo al rey, pero él no quiso venir; y envió por segunda vez, y no quiso venir.

Entonces dijo a sus siervos: Mirad, el campo de Joab está junto al mío, y tiene allí cebada; id y prendedle fuego. Y los siervos de Absalóm prendieron fuego al campo.

Entonces se levantó Joab y vino a casa de Absalóm, y le dijo: ¿Por qué han prendido fuego tus siervos a mi campo? 2 Samuel 14:29-33.

De una forma o de otra Absalóm siempre lograba que se hiciera lo que él quería. Por otro lado David nunca exigió a Absalóm que pidiera perdón o que pagara las consecuencias por la muerte de su hermano Amón. Por el contrario, cuando Absalóm huyó después de cometer aquel asesinato, su papá estaba deseando que volviera, porque le echaba de menos:

"Y el rey deseaba ver a Absalóm; pues ya estaba consolado acerca de Amón, que había muerto" 2ª Samuel 13:39

"... entonces llamó a Absalóm, el cual vino al rey, e inclinó su rostro a tierra delante del rey; y el rey besó a Absalóm" 2ª Samuel 14:33

Es de vital importancia enseñar a nuestros hijos a pedir perdón y a disculparse cuando cometen errores o dañan a otros y debemos enseñarles, además, que nuestros actos tienen unas consecuencias. Cuando no hacemos esto, estamos incurriendo en un error que provocará serios problemas.

Renglones atrás dejamos a David con sus fieles subiendo la cuesta de los olivos. Iban andando y llorando con la cabeza cubierta y los pies descalzos... Pero el ejército de David se rehizo y se dispuso a ajustar las cuentas a Absalóm y a los que con él usurparon el trono de Israel.

Cuando iban a hacerlo el rey reunió a todos los capitanes y dio una orden categórica y terminante: "¡Que nadie dañe a mi hijo Absalóm!" En palabras literales: *"tratad benignamente por amor de mí al joven Absalóm"*

Los capitanes debieron quedarse perplejos: "¿A quien? ¿Al que asesinó a su hermano? ¿Al que tiró del trono a su padre? ¿Al que derramó sangre de su propio pueblo por la codicia del trono? ¿Al que arde de ambición descontrolada y se comporta como un monstruo?"

¡Sí! ¡A ese! ¡¡Tratad al niño con cariño y con delicadeza!

Cuando el padre, empujado por la permisividad y un amor equivocado, no corrige adecuadamente a su hijo, le está empujando a un fin desastroso.

Sabemos que finalmente Absalóm murió de forma trágica.

No corregir a nuestros hijos es abocarles a una corrección del mundo, el mundo no tendrá contemplaciones a la hora de corregir al muchacho. Nunca lo hará con tanto amor y tacto como nosotros podemos hacerlo.

• FALTA DE COMUNICACIÓN Y CONFRONTACIÓN
"Así huyó Absalóm y se fue a Gesur, y estuvo allá tres años" 2ª Samuel 13:38

"Se levantó luego Joab y fue a Gesur, y trajo a Absalóm a Jerusalén. Más el rey dijo: Váyase a su casa, y no vea mi rostro. Y volvió Absalóm a su casa y no vio el rostro del rey" 2ª Samuel 14:23-24

El recurso más fácil cuando nuestro hijo comete una fechoría y nosotros nos sentimos cansados, es decirle: "¡No quiero hablarte!" Pero la suciedad que no se ha combatido no desaparece, sólo se posa en el fondo. Cuando las aguas se agiten saldrá a la luz toda la suciedad acumulada.

Para que haya comunicación efectiva debemos tener el coraje de enfrentarnos a situaciones dolorosas y confrontarlas para que haya sanidad y verdadero crecimiento. Al ser permisivos nos evitamos el mal trago de la confrontación, pero también evitamos el crecer en carácter. Recuerda el consejo de la Biblia:

"Corrige a tu hijo, y vivirás tranquilo y satisfecho" Proverbios 29:17 (Biblia en Lenguaje Actual. SBU)

"Quien no corrige a su hijo, no lo quiere; el que lo ama, lo corrige." Proverbios 13:24 (DHH)

El trágico final de Absalóm muestra que Dios resiste y castiga a los soberbios. *"Porque Jehová había ordenado que el acertado consejo de Ahitofel se frustrara, para que Jehová hiciese venir el mal sobre Absalóm". 2ª Samuel 17:14*

El siguiente versículo resume la forma en que David procedía con sus hijos:

"Adonias, hijo de Haguit, se rebeló diciendo: Yo reinaré... y su padre nunca le había entristecido en todos sus días, diciendo: ¿Por qué haces así? Además, este era de muy hermoso parecer" 1ª Reyes 1:5-6

•PROPORCIONARLES UNA FORMA DE VIDA FÁCIL Y CÓMODA.

Había un abismo de diferencia entre la vida dura, austera y sacrificada que David llevó hasta los treinta años, a pesar de que desde los doce estaba ungido por Samuel como rey, y la de todos sus hijos que nacieron en el lujo del palacio y crecieron en la más absoluta prosperidad y relajación.

Cuando David era un adolescente sus manos ya estaban curtidas y encallecidas por el trabajo. Los pies de David estaban acostumbrados a pisar el barro e incluso el excremento del ganado. El asiento de David eran las duras piedras del campo.

Las manos de sus hijos crecieron cuidadas por expertas manicuras de palacio.

Sus pies se acostumbraron a pisar sobre mármol y artesonados de cedro.

Sus asientos eran los mullidos almohadones de plumas de palacio.

Pero su carácter también fue diferente.

Estos muchachos crecieron en la arrogancia y soberbia de considerar que el mundo les pertenecía.

La adversidad y la privación forjan un carácter.

Supe con quince años lo que es acudir a una fábrica donde se trabaja el hierro. En los ojos mucho sueño, en el alma mucho miedo, en la bolsa un recipiente con la comida para pasar el día.

Repetidas veces he dicho a mi madre que no debe sino sentirte orgullosa de que sus hijos aprendiéramos pronto a ganarnos el pan.

Eso me ayudó a fraguar un carácter.

Me enseñó a valorar un plato de comida.

Aprendí a discernir el valor real de las cosas.

No me siento frustrado. No me siento inferior, ni tampoco superior.

No estoy diciendo que debemos procurar que nuestros hijos pasen por situaciones difíciles por el simple hecho de pasarlas. No estoy defendiendo que un niño se ponga a trabajar. De ninguna manera. Si tienes la posibilidad de que tus hijos cursen una carrera, debes procurar que lo hagan. Dales a tus hijos todo lo posible, dentro de los límites de tus posibilidades, de lo que ellos puedan recibir sin estropearse y de la necesaria cordura.

Pero hay errores notables, y lamentablemente muy secundados, que cometemos en la educación de nuestros hijos:

- Darles inmediatamente lo que piden: *"Cómprame..."* Y antes de que terminen de solicitarlo ya se lo hemos proporcionado
- No enseñarles a valorar lo que poseen; les facilitamos ser ingratos y exigentes.

En conclusión, debemos reflexionar que si David, que fue un hombre conforme al corazón de Dios, tuvo ésta enorme laguna en lo que concierne a la educación de los hijos, está claro que nosotros podemos equivocarnos en lo mismo.

No somos seres humanos perfectos, ni padres perfectos, pero con la ayuda de Dios podemos mejorar en todos los sentidos. Y sobre todo NUNCA DEJES DE ORAR POR TUS HIJOS.

La misericordia de Dios puede cubrir nuestros errores. Y sobre todo reflexionemos en que ellos no son solamente nuestros hijos, también son hijos de Dios, y esa patria potestad compartida supone un tremendo alivio para nosotros.

POSTRE

JOB, HOMBRE ÍNTEGRO Y EXCELENTE PADRE

(Análisis De La Paternidad De Job)

"Hubo en tierra de Uz un varón llamado Job; y era este hombre perfecto y recto, temeroso de Dios y apartado del mal. Y le nacieron siete hijos y tres hijas. Su hacienda era siete mil ovejas, tres mil camellos, quinientas yuntas de bueyes, quinientas asnas, y muchísimos criados; y era aquel varón más grande que todos los orientales. E iban sus hijos y hacían banquetes en sus casas, cada uno en su día; y enviaban a llamar a sus tres hermanas para que comiesen y bebiesen con ellos. Y acontecía que habiendo pasado en turno los días del convite, Job enviaba y los santificaba, y se levantaba de mañana y ofrecía holocaustos conforme al número de todos ellos. Porque decía Job: Quizá habrán pecado mis hijos, y habrán blasfemado contra Dios en sus corazones. De esta manera hacía todos los días.

Un día vinieron a presentarse delante de Jehová los hijos de Dios, entre los cuales vino también Satanás. Y dijo Jehová a Satanás: ¿De dónde vienes? Respondiendo Satanás a Jehová, dijo: De rodear la tierra y de andar por ella. Y Jehová dijo a Satanás: ¿No has considerado a mi siervo Job, que no hay otro como él en la tierra, varón perfecto y recto, temeroso de Dios y apartado del mal? Respondiendo Satanás a Jehová, dijo: ¿Acaso teme Job a Dios de balde? ¿No le has cercado alrededor a él y a su casa y a todo lo que tiene? Al trabajo de sus manos has dado bendición; por tanto, sus bienes han aumentado sobre la tierra. Pero extiende ahora tu mano y toca todo lo que tiene, y verás si no blasfema contra ti en tu misma presencia. Dijo Jehová a Satanás: He aquí, todo lo que tiene está en tu mano; solamente no pongas tu mano sobre él. Y salió Satanás de delante de Jehová.

Y un día aconteció que sus hijos e hijas comían y bebían vino en casa de su hermano el primogénito, y vino un mensajero a Job, y le dijo: Estaban arando los bueyes, y las asnas paciendo cerca de ellos, y acometieron los sabeos y los tomaron, y mataron a los criados a filo de espada; solamente escapé yo para darte la noticia. Aún estaba éste hablando, cuando *vino otro que dijo: Fuego de Dios cayó del cielo, que quemó las ovejas y a los pastores, y los consumió; solamente escapé yo para darte la noticia. Todavía estaba éste hablando, y vino otro que dijo: Los caldeos hicieron tres escuadrones, y arremetieron contra los camellos y se los llevaron, y mataron a los criados a filo de espada; y solamente escapé yo para darte la noticia. Entre tanto que éste hablaba, vino otro que dijo: Tus hijos y tus hijas estaban comiendo y bebiendo vino en casa de su hermano el primogénito; y un gran viento vino del lado del desierto y azotó las cuatro esquinas de la casa, la cual cayó sobre los jóvenes, y murieron; y solamente escapé yo para darte la noticia. Entonces Job se levantó, y rasgó su manto, y rasuró su cabeza, y se postró en tierra y adoró.*" Job 1:1-20

LA INTEGRIDAD DE JOB

En el libro de Job se mencionan muchas veces los números **"tres"** y **"siete"**. No soy partidario de crear una lotería bíblica intentando atribuir significados espirituales y sobrenaturales a todos los números, sin embargo el hecho que se da en el libro de Job encierra un gran sentido: Tuvo **siete mil ovejas, siete hijos; tres mil camellos y tres hijas**. Tanto antes de su terrible ruina, como después de ésta, Dios le concedió **siete hijos y tres hijas**. Sus **tres amigos** (la Biblia insiste en llamarles amigos, aunque leyendo el relato sagrado yo concluyo que con tales amigos, uno no necesita enemigos) se sientan con él **siete días** y **siete noches**. Sin duda hay un mensaje especial en todo esto.

El número siete representa la perfecta bendición, y el tres la perfecta prueba. Lo que se desprende del texto bíblico es que Job fue un hombre íntegro en la más gloriosa bendición, y en la más intensa prueba.

"*...era aquel varón más grande que todos los orientales.*" Así describe la Biblia a Job. Eso significa que en toda aquella región no había una sola persona que fuera más grande que Job. No cabe la menor duda, Job era un hombre realmente poderoso. Pero en esta situación Job se mantuvo íntegro.

Hay quien piensa "no tiene mérito ser fiel Dios cuando todo nos va bien" Yo discrepo de tal posición. Está demostrado que es más difícil ser íntegro en la abundancia que en la escasez. Alguien lo dijo en estas palabras: "por cada cien hombres que soportan la adversidad, sólo uno aguanta la prosperidad."

Históricamente está comprobado que la iglesia pierde más soldados en tiempos de abundancia que en tiempos de prueba. El infierno utiliza con más efectividad las horas extraordinarias que el subsidio de desempleo.

Pero Job se mantuvo íntegro en medio de la más absoluta prosperidad.

Llegó un momento en el que la situación cambió, y lo hizo de forma tan radical que Job llegó a perderlo todo.

La situación de Job llegó a ser dramática:

Perdió todas sus posesiones.

Escuchó que sus siete hijos y sus tres hijas habían fallecido de forma trágica: aplastados por escombros.

Su punto de apoyo por excelencia: su mujer, le invitaba a maldecir a Dios y morirse.

En esa situación límite... lo primero que Job hizo... LO PRIMERO DE TODO...

"Job... se postró en tierra y adoró". Job 1:20

Esto es integridad en medio de la más profunda adversidad. Esto es fidelidad en medio de la noche más oscura.

JOB: VARÓN Y HOMBRE

*"Hubo en tierra de Uz un **varón** llamado Job; y era este **hombre** perfecto y recto"*

El uso de las palabras *"varón"* y *"hombre"* en una frase breve, para referirse a Job, puede parecer lo que en términos literarios se conoce como redundancia. Pero no es casualidad que la Biblia utilice dos términos distintos en el mismo versículo y para referirse a la misma persona. Estos dos términos son *"varón"* y *"hombre"*, y en ambos casos se refieren a Job.

• DEFINIENDO LOS TÉRMINOS "VARÓN" Y "HOMBRE".

Permítaseme recurrir a los términos griegos que se utilizan en la traducción griega de los LXX para referirse a estas expresiones:

El término que se usa para *"varón"* significa *"viril, masculino"*. Es decir, esta palabra tan sólo sirve para designar la condición masculina de una persona.

Pero la palabra griega que se utiliza para *"hombre"* significa *"obrar como un hombre"*. Ésta palabra se refiere a una conducta integral que manifiesta de forma evidente que tal persona es un hombre, y no sólo que pertenece al género masculino.

Estos datos nos muestran que "varón" es una condición con la que uno nace, pero "hombre" es un título que debe ganarse.

• JOB ERA UN HOMBRE PERFECTO.

"Era éste hombre perfecto…" Así lo dice la Biblia, y el término perfecto no se refiere a una persona en la que no hay un solo error o que jamás se equivoca. La traducción más adecuada de esa palabra es: *"Completo, íntegro, que no hay ausencia de nada de aquello que tiene que estar presente"*.

LAS NECESIDADES BÁSICAS DE UN HOGAR

Todo varón hebreo, para alcanzar el título de "hombre" tenía unas funciones que cumplir y unos aspectos que llenar en el hogar. Se les llamaba patriarcas y las áreas que debían cubrir eran, a la vez, necesidades básicas que todo hogar tiene. Las funciones son las siguientes:

• **DEBÍA SER EL SACERDOTE DE LA FAMILIA.**

El patriarca era el sacerdote de la familia. El sacerdote tenía la responsabilidad de establecer un puente a través del cual su familia llegaba a la presencia de Dios. Debía levantar a los suyos y presentarlos ante el Señor.

- Orando por ellos.
- Enseñándoles a ellos a orar.
- Mostrando a los suyos el camino que conduce hasta el Señor.

• **DEBÍA SER EL PROFETA DE LA FAMILIA.**

El profeta tiene el cometido de establecer un puente mediante el cual la presencia y la voz de Dios llegan hasta el hogar y ministran a los suyos. Consigue que la Palabra de Dios visite a su pueblo: "Así ha dicho el Señor".
- Propiciando un ambiente en el que se busque a Dios, porque Dios viene allí donde es bienvenido.
- Creando en el hogar una atmósfera sana y de limpieza espiritual, porque Dios habita en la santidad, pero no se mueve donde hay pecado.
- Provocando un ambiente de gratitud y adoración, porque Dios habita en la alabanza.

• TENÍA QUE SER EL MAESTRO DE LA FAMILIA.

Como Maestro debe instruir a los suyos en la Palabra de Dios. En la cultura hebrea predominaba la tradición oral, el precepto bíblico de *"Éstas palabras que yo te mando hoy, estarán sobre tu corazón; y las repetirás a tus hijos, y hablarás de ellas estando en tu casa, y andando por el camino, y al acostarte, y cuando te levantes"*. Deuteronomio 6:6-7 *"Guarda tu alma con diligencia, para que no olvides las cosas que tus ojos han visto, ni se aparten de tu corazón todos los días de tu vida; antes bien, las enseñarás a tus hijos, y a los hijos de tus hijos"* Deuteronomio 4:9. Esta es la tradición oral. Los niños hebreos eran capaces de recitar pasajes enormes de la ley. Un niño de doce años, en el pueblo de Israel, puede recitar el salterio de David. Esto era posible gracias a la abundante información y ejemplo que recibían de sus padres, quienes practicaban un diálogo frecuente con los hijos y les recitaban y comentaban extensos pasajes de la ley de Dios.

• DEBÍA SER EL JUEZ DE LA FAMILIA.

La palabra *"Juez"* es en hebreo *"SOPHET"* que significa: *"El que dispensa justicia..."*
- Castigando: Al que obra mal. Es decir, administrando disciplina.
- Defendiendo: Al que obra correctamente. Reforzando las actitudes positivas, y reforzando las buenas pautas de conducta.

Estos cuatro aspectos: sacerdote, profeta, maestro y juez, Job los llenó. Por esa razón la Biblia es clara al otorgar a Job el título de "hombre", porque Job no sólo demostró haber nacido bajo la identidad de "varón", sino que cubrió las responsabilidades propias de un hombre.

Temo y sospecho que en nuestra sociedad actual hay muchos más varones que hombres. Demasiados varones han claudicado de su responsabilidad y perdieron el título de hombres, porque no se comportan como tales.

LOS GRANDES ACIERTOS DE JOB COMO PADRE

• LOS HIJOS ESTÁN ANTES QUE LA HACIENDA.

"Le nacieron siete hijos y tres hijas. Su hacienda era..." Job 1:2-3. Nótese el orden: los hijos son mencionados antes que la hacienda, porque los hijos deben ir siempre delante del trabajo, aunque el trabajo sea la iglesia. Es un error matarse a trabajar para dar una mejor posición a los nuestros. La mejor posición de un hijo es estar junto a sus padres.

Un muchacho decía: *"Desde que yo recuerdo, siempre he podido sentarme en lujosos sillones de piel, pero nunca sobre las rodillas de mi padre".*

Pero, ni aún en el caso de que nuestro trabajo sea la iglesia, deberíamos anteponerla a nuestros hijos.

Permítanme que confiese uno de los errores más graves que llegué a cometer en el desarrollo de mi trabajo como pastor evangélico: Durante algún tiempo mi familia fue para mí una prolongación de la iglesia.

Lo que llegaba a casa después de cada jornada –lo que ella recibía en el hogar- era un hombre demasiado cansado. Dos oídos saturados de confidencias e incapaces de seguir escuchando junto con unas manos que se abrieron tanto y a tantos se ofrecieron, que ahora precisaban del reposo.

Tuve que pedirle perdón a Dios y también a mi familia por un error de tal calibre.

Dios me guió en un ajuste de valores. De ese modo la iglesia pasó a ser una prolongación de mi familia y mis tres dulces mujeres los miembros principales de mi congregación.

Puedo decir, feliz y agradecido, que tras ese ajuste la iglesia no se ha resentido y mi familia ha reverdecido.

Nunca el trabajo debe ir por delante de la familia. Me permito recordar la frase que mencioné unas páginas atrás: Ningún éxito en la vida justifica el fracaso en el hogar.

• ERA ÉL QUIEN ROMPÍA LAS DISTANCIAS.

Job enviaba..." vs. 5 Ésta expresión se traduce como *"Los llamaba"* Muchos padres se quejan de que sus hijos se vuelven herméticos, y no hablan con ellos. Job los llamaba, no esperaba a que ellos rompieran las distancias, sino que lo hacía él mismo.

• ERA UN INSTRUMENTO SANTIFICADOR EN EL HOGAR.

"Los santificaba..." Esta era su labor sacerdotal. Quemaba la ofrenda cuyo humo ascendía al cielo, como símbolo de la oración levantada en beneficio de sus hijos. *"Se levantaba de mañana..."* vs. 5 El significado literal de esto es *"Madrugaba"*. Intervenía en la situación antes de que fuera demasiado tarde. No se relajaba considerando que sus hijos eran unos angelitos y que no podrían hacer nada malo. Dice el versículo cinco *"Quizá hayan pecado"* Ante la duda es mejor confrontar el problema que relajarse en exceso. El papel santificador de los padres, al igual que las

medidas correctivas que vimos en el capítulo correspondiente, abarca dos aspectos:
- Curativo: Cubrirles en oración, pidiendo a Dios que les mueva a rectificar su proceder erróneo.
- Preventivo: A través de la corrección y del ejemplo debo intentar evitar que ellos yerren.

• ERA PERSEVERANTE EN SU ACTITUD.

"De ésta manera hacía todos los días" vs. 5 Los padres que perseveran en su educación, sin desanimarse ante los escasos aparentes progresos, conseguirán hijos educados en los principios gloriosos de la Palabra de Dios. Es necesario perseverar sin desanimarnos.